『論語』は不安の処方箋

安田 登

はじめに――二度目の文庫版に寄せて

『論語』は不安の処方箋』をお手に取っていただき、ありがとうございます。

最初にお断りしておきます。

本書は『身体感覚で『論語』を読みなおす。』の再文庫化版です。初版は二〇〇九年に春秋社から単行本として出しました。次いで新潮文庫の一冊に入り、そして今回は祥伝社黄金文庫のラインアップに加わりました。新潮文庫にしたときに大幅な加筆を行ないましたので、今回は大きな加筆はございません。

間違えてお買い求めなさらぬよう、お願い申し上げます。

が、それをご承知の上でなお、お買い求めいただける方はむろん大歓迎です！

さて、本書は『論語』の本ではありますが、「心」の本でもあります。

私たちの悩みは「心」が生み出しています。

「心」が生み出す悩みや苦しみ、それに対して孔子が「こうするといいよ」と書いた処方箋が『論語』であったということを本書では書きました。また、そろそろ《心》という概念は上書きされるときに来ているのではということもお話ししています。

本書が世に出てから一五年が経ちました。その間のテクノロジーは急速に発展を遂げました。近年の生成系AIやロボット、そしてXRなどのメタバースの進歩は言うに及ばす、遺伝子技術の進歩によりクローン犬は実際に売買されはじめましたし、自分の脳をコンピュータに入れてしまうことなども実用化に向けて動き出しています。クローン犬が可能ならば、技術的にはクローン人間だって可能だということでしょうし、身体がなくなっても脳だけはコンピュータの中で生き続けるなんて時代もすぐそこにやって来ているのかもしれません。

たとえば世界大戦のような、倫理がふっとぶような事態が起きれば、このようなことの実現は一挙に進むでしょう。

それはともかく、こんなにテクノロジーが発展しているんだったら、そろそろ「心」の問題も解決され、人間の悩みもなくなってもよさそうなものですが、人はまだまだ悩み続けています。いや、悩み続けているどころか、人の悩みは年々深くなり、診療が必要なほどに「心」を病む方もいれば、それで自分の命を絶つ方もいる。

あるいは「心」の病が身体を侵食して、それで亡くなってしまう方も増えています。

悩みや不安などを生み出す「心」を、私たちは最初から持っているものだと思っています。しかし、少なくとも《心》という漢字に関していえば紀元前約千年にはじめて登場しました。

紀元前一三〇〇年（殷(いん)の時代）ごろに漢字が生まれてから三〇〇年も経った、周(しゅう)の時代になってからです。

漢字ができた殷の時代には、すでに五〇〇〇文字以上の文字がありました。五〇〇〇文字ってすごいでしょ。私たちがふだん使っている「常用漢字」ですら約二〇〇〇文字。その倍以上の文字があったのです。

ところがその中に《心》がなかったのです。

《心》がないということは「忄(りっしんべん)」もないということで、「悩」とか「悲」とか、そういう漢字もなかったということです。

むろん、それまでの人間に「心」がなかったとは言いません。

しかし、《心》という文字がなかった時代には、「心」というものを今のように認知することはなかったのではないでしょうか。

悩むとか苦しむとかがない人生って、なんと楽な人生でしょう。

とはいえ、いくら今が苦しいからといって、悩みや悲しみがなかった世界に戻ってほしいとは思いません。だって《心》がなかったら「愛」や「悦」もなくなってしまうのですから。それでも、悩みや悲しみをもっとちゃんと、そして楽にコントロールできればいい、そう考えたのが孔子であり、彼とその弟子たちの言行録が『論語』なのです。

でも、すでに二五〇〇年以上も前に生きた孔子らの言行録。それならば「心」をコントロールするために現代のテクノロジーの粋を集めたＡＩなどが力を貸してくれればいいと思うのですが、残念ながら、それは難しいようです。

このことについて、本書では書いておりませんので、ここでそのことについて書いておこうと思います。

なぜＡＩが「心」の問題の解決の助けにならないか。それは「心」もＡＩも「時間」と深い関係にあるからです。

「心」を生み出す重要な要素のひとつは「時間」です。時間がなければ、たとえば「悲しみ」はありません。

人が亡くなったら、私たちは悲しみを感じます。しかし、いまも世界中で多くの人が亡くなっていますが、私たちはそれを悲しむことは（あまり）ありません。それはその方たちを知らないから、すなわちその人に関する記憶や思い出がないからです。記憶や思い出を作るのは時間です。時間がなければ記憶もないので、悲しみもない。悲しみだけではありません。明日のことを思い煩う「不安」もないし、過去にとらわれる「後悔」もない。

ですから、時間が私たちの「心」を生み出したと言ってもいいでしょう。時間の認識と「心」の発生とは、おそらくその誕生を一にします。

そして私たちは「時間」をまだちゃんと認識できていません。それは、時間に関する形容詞を持っていないことでもわかるでしょう。

私たちは、時間を形容するときに「長い時間」とか「短い時間」などのように距離の形容詞を借りています。「濃い時間」などという形容もありますが、しかし時間独自の形容詞は持っていません。

認識できないものはコントロールできません。私たちが時間を認識することも、コントロールすることも、まだちゃんとはできていないように「心」をコントロールすることも難しいのです。

では、ＡＩの助けを借りれば「心」の問題を何とかできるのではないか、と思う人もいると思うのですが、おそらくＡＩもダメです。それはＡＩも、時間から生まれた「論理」構造によってプログラミングされているからです。

もっとも単純な「論理」は「〜から」です。お腹がすいたから、ご飯を食べる。ひどいことを言われたから泣いている。仕事をしたからお金をもらうのは当然……など。

私たちの日常には「論理」が溢れています。

この「論理」はいつ、どのように生まれたのでしょうか。こと、古代中国に関しては、私たちは「論理」の誕生を目撃することができます。

それは、《心》という文字が生み出された、紀元前一〇〇〇年頃にできた「大盂鼎（だいうてい）」という青銅器の中で突然、出現しました。その銘文の中の文字のひとつが、その青銅器において画期的な意味を持ちはじめたのです。

この字です。

これは「古」という漢字の古い形です。
漢字学者の加藤常賢(じょうけん)氏によれば、この文字は、もとは「冑(かぶと)（ヘルメット）」の象形(しょうけい)のようです。ヘルメットは固い。ですから「古」を□で囲むと「固」になります。そして、固いものは変わらない。そこで「古（過去）」という意味にもなりました。
ここまではいいでしょう。ところが「大盂鼎」では……、

A↓古↓B

……という使い方がされたのです。

「A」が理由で「B」が結論です。「古」は「〜から」です。

大盂鼎は、周の三代目の王、康王(こうおう)の時の青銅器です。徳川将軍でいえば家光(いえみつ)。殷を倒したカリスマ王、武王(ぶおう)の威光も弱まり、その七光りと武王時代の遺臣らによって守

られていた成王もすでに亡くなってしまった時代です。前王朝、殷の王族や民たちの叛乱も怖い。

そこで康王は「論理」を使うのです。

康王の結論（Ｂ）は「いまの周王朝は正当な王朝だ」ということです。

その理由としてふたつの「Ａ」が提示されました。ひとつは前王朝の殷の人々が大酒飲みで国が乱れていたということ（Ａ1）。もうひとつは天命が周に降ったというもの（Ａ2）です。

そのふたつの「Ａ」によって、「Ｂ」＝周王朝が正当であることが説明されたのです。ふたつの変化しない過去によって、現在が説明された。論理社会に生きている私たちにはピンときませんが、これは画期的なことでした。

その論理を作ったのが「古」です。すなわち「大盂鼎」における「古」は、この文字に「攵」をつけた「故」という意味で使われているのです。

これが中国の歴史上はじめての「論理（故）」の出現です。私たちは、論理の誕生をこの青銅器によって目撃することができるのです。すごいでしょ。

そして、「古（過去）」を拠り所にしているように、論理もやはり時間とともに生まれました。

ＡＩが心の問題の役には立たないのではないかというのは、（現時点での）ＡＩは時間とともに生まれた「論理」の上で作られているからです。

ＡＩはプログラム言語で書かれます。プログラム言語の基本は「if文」です。すなわち論理の文法で書かれます。そして、論理は時間の制約に縛られます。時間の制約に縛られるプログラム言語で書かれたＡＩで、時間によって生まれた「心」を解決することは難しいのではないかと私は思うのです。

私たちの「心」は時間に縛られていますが、しかし想像力は自由自在です。過去にも未来にも、またまったく知らない時空に旅することもできます。

また、現時点では、ＡＩは自分のプログラミングを自分で書き換えるということができません。しかし、私たち人間は、それをとても簡単にやってしまいます。

「今日はあの道を通り、あの電車に乗り、あそこで乗り換えて」などと計画（プログラム）を立てても、何かが起きたらすぐにそれを書き換えることができる。何かが起きなくても「気分」で書き換えることもできる。

こと時間に関しては、人間の方がずっと有能なのです。

「心」の問題を考えるときに、時間に縛られているＡＩを頼みにするよりは、自由な想像力を駆使して『論語』を読んだ方がずっと役に立ちます。ぜひ、過去の読み方にとらわれずに『論語』をお読みいただければと思います。

そして、そろそろ《心》に代わる「何か」もご一緒にお考えいただければと思います。

「こんなに苦しいのは変だよ」

そう思って、みながあきらめずに考え続ければ、いつかぽんっと出て来ると思うのです。

二〇二四年　正月

はじめに

ある時、日本マーケティング協会から講演の依頼を受けました。ワキ方の能楽師をしている、ということもあり、「能の永続性」がテーマでした。『世阿弥に学ぶ１００年ブランドの本質』（ソフトバンククリエイティブ）を書かれた片平秀貴氏の推薦で、能が六〇〇年も続いているその理由を、ブランドという視点から検討するというものです。確かにひとつの芸能が六〇〇年以上も続いてきている、しかも興行として成立しているというのは、奇跡といっていいくらいに不思議なことです。

しかし、そういう意味では『論語』という本が二〇〇〇年も読まれ続けている、これはさらに不思議だし、それこそ奇跡です。古典としてだけでなく、ビジネス書としても、教育書としても、自己啓発本としても、読まれている。まさに活きている古典です。

『論語』のどこにそんな力があるんだろうか。

『論語』を読み直しました。

すると、どうも『論語』は、実は世界で最初の「心のマニュアル」だったのではないか、そう思いあたったのです。これが漢籍の専門家でもない私が『論語』のことを書こうと思ったきっかけのひとつでした。

「心」という漢字は、孔子が活躍するほんの五〇〇年前まではこの世に存在しませんでした。

で、ある日、「心」が出現した。王朝が殷（いん）から周（しゅう）になったころです。

その突然の出現に人々は戸惑い、「心」をうまく使いこなせないままに五〇〇年間を過ごします。そんなとき孔子が現れて、人々に「心の使い方」を指南した、その方法をまとめたのが『論語』ではないか、そう思いました。

それならば『論語』には、現代にも役立つ「心の使い方」が書かれているに違いない。そんな視点で『論語』を読み直したのです。

臨床心理士の知人が、クライアントの方たちと行なっている集まりがあります。そこに講師として参加して『論語』の話をしたり、『論語』の中から課題を出したりしました。たとえば「学んで思わざれば則（すなわ）ち罔（くら）し」という句の話をした日には、「思」

（二九三頁(ページ)）という課題を出します。次の会までの一、二週間、常に念頭におけるように「思」という一字が課題になるのです。具体的な「思」という課題への取り組み方は「課題図書を五頁読み、それにかかった時間の倍以上をその内容について考える時間として使う」というものです。

「思」という漢字を小さなカードに書いて常に持ち歩き、ことあるごとに振り返るようにします。その間、考えた内容についてはテキストにまとめ、それがメーリングリスト上にて、参加者の間で共有されます。

「敏」の時には「思いついたらすぐに行なう」という課題になり、「賢」の時には「周囲の人から賢者を探す」という課題になります。

これをくり返しているうちに、参加者の何人かの生活に変化が起き始めました。『論語』は現代人の心にも役に立つ、そう確信しました。

さて、『論語』を「心のマニュアル」として読み直そうと思ったときに、従来の読み方に加えて自分なりの読み方として、二つの方法を用いることにしました。ひとつは**孔子の時代の文字に直して読む**ということ、もうひとつは自分自身の**身体感覚で読む**ということです。

『論語』が現在の形にまとめられたのは孔子の没後、約五〇〇年も経(た)った後だと言われています。その時に使われていた文字と、孔子の生きていた時代に使われていた文字とはだいぶ違います。なるべく孔子の時代の文字に直して読んでみよう、そう思って『論語』を孔子時代の文字に直すという作業を始めるとさまざまなことが起こりました。そのことについては、本文（三四頁）以降に書いてあります。

また、自分の身体感覚も大事にしました。私は学者ではなく役者です。頭を使うことよりも身体を使う方が得意です。以前に身体に関する本を何冊か書いたとき、その出版社の担当編集者の方は私が書いた原稿をすべて自分のからだで試してみて、それがちゃんと役に立つかどうかを確認しながら本にしていきました。

私もその編集者にならい、孔子の書いた『論語』を自分のからだで読んでみました。対象を観察するように読むのではなく、その中に入って読む。二五〇〇年も生き残っている思想です。もし、からだが納得できないところがあったら、それは私の読みが間違っている可能性があります。納得できるまで、さまざまな側面から読み直してみました。

二〇〇九年頃より近所のお寺（東江寺、渋谷区）でご住職といっしょに月に二回ほど寺子屋を開いています。孔子時代の文字に直しながら、そしてからだが納得できるまで読む、これを自分だけでなく寺子屋に参加されている方たちとも行ないました。そんな中でできあがったのが本書です。

そんなわけで本書の読み方は従来のものとは違う部分も多くあります。これはむろん従来の読み方を否定するものではありません。もし、『論語』については本書しか読まないという方がいらしたら危険です。ぜひ、巻末の参考文献をご覧いただき、伝統的な読み方で読む『論語』の解説書も入手してください。

本書の概略を示せば以下のようになります。

【第1章】論語世界との新たな出会い

いま流布(るふ)している『論語』の中には孔子時代にはまだ生まれていなかった漢字で書かれているものが多くあります。たとえば「不惑(ふわく)」。「惑」という漢字は孔子の時代にはまだ誕生していません。となると孔子自身は「四十にして惑わず」とはいわなかった可能性が高い。では、孔子は本当はどういったのか、そしてそれはどのような意味になるのでしょうか。

また、「惑」の字の下にもある「心」、これは孔子の時代のほんの五〇〇年前にできた、ほやほやの新生概念です。「心」という漢字がなかったとき、人々には心(自由意思）がなく、ただ「命」の世界に従って生きていました。さて「命」とはいかに。

【第2章】「命」の世界

「命」とは運命の命、宿命の命です。心が生まれる以前のその世界は、絶対安心の母なる世界（運命が何とかしてくれる）であると同時に、すべてを呑み込んでしまう冥なる暗闇の世界（宿命からは逃れられない）でもあります。古代の人々は、その「命」の世界の中で生き、そしてあらゆる「命」にはただ従う、そんな選択肢しか持っていませんでした。

そこに「心」が生まれました。心によって「命」の中には変え得るものもあるのではないか、そう気づいたのです。そこで大切なことは、どの「命」が変えられる命で、どれが変えられない「命」なのか、それを知ることです。そのためにはまず「命」について徹底的に知る必要があります。その方法論として孔子は「学（學）」を提案しました。

【第3章】孔子学団に入門する——「学」とは何か

「学（學）」とは、身体による学びです。それも過酷な修行の果てにようやく秘事が伝えられるような、秘儀の行法としての学びでした。孔子学団の門を叩いたものにはまず「前・学」の段階の修行が課せられます。それは孝弟（悌）と信愛をベースにした「行ない」の修行です。頭よりもまずは体なのです。

【第4章】「詩」——叙情世界に本質は宿る

「前・学」の段階の修行が終わった弟子たちが最初に学んだのは「詩」です。詩にはさまざまな効用がありますが、なんといっても物事の本質に一瞬で到達してしまうという力が詩の最大の効用です。本質力を身につける、それこそ孔子学団で詩を学ぶ本当の理由でした。

【第5章】「礼」——魔術とマニュアル

「心」の創造は、かつては従うことしかできなかった「命」を変え得る可能性を私たちに与えてくれました。しかし、同時に心の苦しみや心の病というさまざまな副作用をもたらしました。そんな苦しい心に効くのは「礼」です。この礼を有効に活用するには「如」＝「恕」、すなわち相手と一体化する力を身につける必要があります。孔子の学団では、実際の場面を利用しながら、身体を使って「恕」や「礼」を学びました。

【第6章】「心」——このまったく新しい世界

『論語』と心といえば「心の欲する所に従いて」云々の章です。人口に膾炙した句ですが、よく考えるとこの句はとても不思議です。「心が欲する」などという表現は『論語』のどこを探してもここ以外には見つかりません。しかし、この不思議さの中に心のマニュアルとしての『論語』の本質と、孔子が最後に至った境地が隠されています。

「心」という漢字が使われる『論語』の他の章句もともに読み解きながら『論語』と心について考えます。

凡例

●本書では原則として原文は載せないが、必要のある場合は掲載する。

●書き下し文や訳文は特に注記のない限り『論語』（金谷治訳注、岩波文庫）に従った。また、岩波文庫のものと大きく解釈が違うものが載る『論語』（貝塚茂樹訳注、中公文庫）からも多く引用した（そのため表記の不統一がある）。

●漢字の語源は白川静、加藤常賢、赤塚忠、藤堂明保各氏の説を参考にした。

●甲骨文は『甲骨文合集』とその索引である『殷墟(いんきょ)甲骨刻辭類纂(るいさん)』や『小屯南地甲骨』（索引を含む）など、金文は『殷周金文集成』とその索引である『殷周金文集成引得』を主に使用した。なお甲骨文や金文の解釈に関しては白川静、赤塚忠、貝塚茂樹各氏の著作集や加藤常賢、島邦男、池田末利、松丸道雄各氏の著作を主に参考にした。

●そのほか多くの書物から教えを受けた。特に『論語　増補版　全訳注』（加地伸行訳注、講談社学術文庫）は図も多く読みやすく、お勧め。

●本書に記載の甲骨文、金文等のフォントについては、立命館大学白川静記念東洋文字文化研究所の許諾を得て、使用している。

●図版の著作権は作成者にある。無断の転載、使用を禁ずる。

『論語』は不安の処方箋　目次

本文イラスト　中川　学

『論語』は不安の処方箋

序章　からだで読む『論語』

▼「学而（がくじ）」篇、冒頭の意味

『論語』にしっかり向き合ってみよう、そう思ったきっかけがあります。それは冒頭の「学んで時にこれを習う、また説（よろこ）（悦）ばしからずや」との衝撃的な出会いです。

【書き下し文】学んで時にこれを習う、また説（よろこ）（悦）ばしからずや（学而1）

【原文】学（學）而時習之、不亦説乎

日本の儒者、伊藤仁斎（いとうじんさい）はこの章を「小論語」と呼んだほどに、『論語』全体を考える上でもとても重要な章です。むろん高校のときに習って知識としては頭に入っていました。しかし、正直にいうと、そんなに面白い章ではない、と思っていました。

しかし、ある日、能楽師として立ったとても大変な舞台が終わったとき、この章でいわれていることが突然、からだで実感できたのです。

これは自分にとってはひとつの事件でした。それまでは、学校で学んだいくつかの

古典のひとつとして大して気にも留めていなかった『論語』という書物が、すごい存在感を持って突然、迫ってきたのです。

この章は高校などでは「勉強して、時々に復習をする。これはなんと悦ばしいことであろうか」などと習います。

「悦ばしい」は悦楽です。心からの喜びをいいます。

勉強と、そのあとの時々の復習は、もう何にも代えがたいほどの悦びだ、と習うのですが、その説明だけではあまり納得がいきません。確かに勉強は楽しい。嬉しいと思うときだってあります。しかし、悦楽というほどの実感はない。

この文は、白文（原文）では「学（學）而時習之、不亦説乎」です。

私が身をもってこの文を体験したときの衝撃を、拙文でお伝えするのは不可能に近いのですが、しかし漢字一つひとつについて簡単に見ながら、この文の意味を見ていきましょう（以下、私は能のワキ方に属するので舞を舞うとはいわず「型」をするといいますが、わかりやすくする意味で舞という言葉で話をしていきます）。

【学】――まねぶ身体

「学（學）而時習之、不亦説乎」の最初の文字は「学（がく）」です。

「学」の旧字は「學」です。さらに古い文字で書けば次のようになります。

上の「𦥑」は両手です。両手を使って、学校のようなところで、子弟に手取り足取り何かを教えるという姿を現したのがこの文字です。

上の真ん中にあるシャープのような形（爻）は「爻」で「カウ（コウ）」という音を表します。「カウ」が「ガク」に変わります。この音の示す意味は「マネをする」。

「学」とは、机に向かってする勉強ではなく、手取り足取り教わり、そして自分でも手足や全身、五感をフルに使って何かをマネすること。すなわち「からだを使った」学びをいいます。

孔子たちの学校ではからだを使って何を学んでいたか。それは「礼」と「詩」です。礼も詩も、古くは、神さまや先祖の霊とのコミュニケーションをするための技術で、具体的には舞歌でそれを行ないました。彼らが学んでいたのはたぶん舞（まい）や謡（うたい）のようなもの。能の稽古（けいこ）がまさにそれです。

能の稽古も厳しいですが、孔子の学団での「学」もかなり厳しいものでした。「学（學）」に「攴（攵）」をつけた「斅（こう）」という漢字があります。おしえるという意味も、学ぶという意味もある漢字です。右側の「攴（攵）」は「ボク」と読みます。ボクという音が怖い。現代語でもボコボコにする、という言葉がありますが、「攵（ボク）＝　」は、手「　」に鞭（むち）「　」を持ってビシバシと打つ形です。攻めるの「攻」や激烈の「激」の右側に残っているように、「攵」には峻烈（しゅんれつ）なイメージがあります。甲骨占いの「卜（ぼく）」も甲羅や骨にヒビが入ったときにボクッという音がすることから来たといわれています。

「学（學）」の金文から「爻（　）」と「子（　）」を抜き出し、これに「攵（　）」をつければ「教＝教（　）」になります。教育の「教」とは、鞭を持ってビシバシと打ちながら教えることであり、「学」とは鞭で打たれながら何かを習得す

（学）　（手）　（爻）

（攵）　（手＝又）　（鞭）

（子）　（教）

ることでした。そんな厳しい学びが「学（學）」でした。

【而】――呪（じゅ）的な身体時間

次の字は「而（じ）」です。

この字は学校の授業などでは「置き字です」などといって、無視されることが多いのですが、この文においては特に重要な意味を持っている字です。いや、この文の価値の多くの部分をこの字が負っているといってもよいでしょう。

「而」の古い字体を見てみると、それが呪術と深く関連していることがわかります。

この字には長い髪の巫女（みこ）の姿を表しているという説と、頬髭（ほおひげ）を長く伸ばした男巫（おとこみこ）の顔だという説があります。巫女にしろ男巫にしろ、ともに雨乞（あまご）いをする呪術師です。

「而」の上に「雨」をつけると「需（じゅ）」になります。需要の需です。「需」は「求める」とも読みます。「雨」を求めるから「需」です。そして、それを行なう人が、人偏（にんべん）がついた「儒（じゅ）」です。孔子の一派を「儒」といいますが、「儒」と呼ばれた人々は雨乞いの術を身に付けていた、巫祝だったといわれています。そんな呪術的なイメージを持った語が「而」なのです。

むろん、ここではそのような意味はまったくありません。ただ「そして」という意味で使われています。しかし、「而」の字を古代文字で「[而の古代文字]」と書くとき、そこにはまだ呪術的なイメージがどこかに残っているのを感じるでしょう。孔子の時代は、文字の中にそんな呪術的イメージがまだ存在していたのです。

さて、というわけで「而」は呪術的な意味を含みながらも、ここではただの「そして」なのですが、しかし実は「ただの」とはいい切れないほどの重要さをこの字は持っています。

『論語』には無駄な文字が一字もない、といったのは伊藤仁斎です。
『論語』の文は無駄な文字は省かれて簡潔に書かれています。ただの順接や逆接ならば、わざわざこのような文字を入れる必要はない。ここでわざわざ「而」という一字を入れたのは、しっかりと「時間の経過」を示したかったからでしょう。しかもその時間はただの時間ではない。何かが変容するための呪術的時間であり、錬金術的時間

（而）

なのです。

舞の稽古が何日も、何日も、いや何年も何十年もずっと続く。鞭で打たれる稽古です。つらいし、稽古だけだからつまらない。それでも稽古が続く。永遠と思われる時間、それが続く。しかし、その時間の奥底で何かが静かに変容している。

そんな不思議な呪術的な時間の経過を表したのが「而」という字です。

【時】——時を摑む

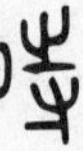

さて、次は「時」。これまた大事な字です。

時の右側は「寺（）」。上の部分はもっと古い字体では「」と「一」が組み合わさった形で書かれています。「」は足跡です。その足跡がどこか（一）にくっついていることを表す漢字で、今の字に直せば「止」です。下の部分は「手（）」。「止」と「手」で、「何かをしっかりと摑む」という意味になります。

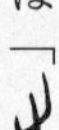

時間はどんどん流れていく。その流れ行く時間を、ガッと一瞬摑む、それが「時」です。ただの時ではない。「まさにその時」をいいます。

何かをするときにちょうどいいタイミングというのがあります。早すぎてもいけないし、遅すぎてもダメ。啐啄(そったく)の機です。五経(ごきょう)のひとつ『易経(えききょう)』ではこれを「時中(じちゅう)」と呼んで、とても大事にします。

つらく苦しい「学」が続く。そのつらく苦しい時の果てに輝く「時」がやってくる。それをガッと摑まえる、それが『論語』の「時」なのです。

【習】——解き放たれる身体

さて「時」を摑んだら何をするのか。それが「習」です。

「習」の字の上は羽です。下の「白」は手偏をつければ拍手の「拍」になります。「白」という音はパタパタという擬音。「習」は鳥がパタパタと飛び立つさまを表します。

長い、長い、本当に長い稽古期間がある。先生は全然OKを出してくれない。つらくもあるし、自分には才能がないんじゃないかと思ってしまう。ストレスフルな日々が続く。

(時)　(寺)　(＝足・足跡)

そんなある日、先生から「GO！」が出る。

先生も、そして生徒も時をガッと一緒に摑まえた瞬間だ。「もう羽ばたく時だ」そう言われ、舞台に立つ。

両手を開いて、ゆったりと舞う。長い稽古期間を通過してきたから、もう頭でなんか考えなくても体は自然に動く。お囃子（はやし）の音が体の中を通り抜けていく。その流れに身を浸しているだけでいい。

まさに悦楽の瞬間です。

『論語』巻頭の一文は、こんな意味なのではないだろうか、そう実感したのです。

能の稽古では謡十年、舞三年といわれています。現代の生活の感覚からするととても長い。長くつらい日々が続く。それを通過しなければ一人前にはなれません。

これは能だけではないでしょう。

何かを修得しようとすれば、長い時間がかかるのは当然です。しかも成果が見えなければ、よけいにつらくなります。その長くつらい学びの日々の果てにこそ、本当の「学」の喜びが訪れる。

注意したいのは、この文は、何かを学ぶには長くてつらい時期が必要だということを、ただ語っているのではないということです。長くて、つらい稽古があって初めて、私たちは「学」の喜びを味わうことができるということを、この文は教えてくれています。今のつらい稽古も、それを通り越した後には、鳥がはじめて空を飛ぶときのような悦楽感が必ず訪れる。そんな境地が保証されているのです。

それに気づいたとき、私たちは「つらさ」や「長さ」を忌避するのではなく、むしろ自分から進んでそれを受け入れようとするようになります。ビールをおいしく飲むために喉（のど）の渇きを我慢するように、ご馳走（ちそう）をおいしく食べるために目の前のお菓子を避けるように、あとで確実にやってくる喜びのために「つらさ」や「長さ」を自ら進んで耐えるようになります。そして「つらさ」や「長さ」のない、インスタントな学びは敬遠するようになる。

この章の意味に気づいてから、『論語』は、それまでのイメージとはまったく違うものになりました。それはわくわくするほどダイナミックで、しかもとっても実用的な古典としてその姿を現したのです。

そして、もう一度ちゃんと読み直してみようと思いました。

▼身体文字に注目する

さて、この「学んで時にこれを習う」の文ですが、これを詳細に見ていくと、ひとつの特徴に気づきます。それは、すべての文字が「身体文字」だということです。身体文字とは、文字の中に身体の一部、あるいは全部が含まれる文字をこう呼ぶことにします。

「学んで時にこれを習う（学〈學〉而時習之）」のすべての文字の中には身体の一部が含まれているのです。

学（學）（[illegible]＋[illegible]）手と子どもの身体

而（[illegible]）長い髪、あるいは長い髭

時（[illegible]＋[illegible]）足（足跡）と手

習（[illegible]）鳥の翼

之（[illegible]）足（足跡）

この「身体文字」も『論語』を読んでいくための重要なキーワードです。『論語』に使われている全一二〇〇種類ほどの文字の中で、身体の一部（あるいは全部）が含

まれている文字を数えてみると約七五〇種類、すなわち全体の六二・五パーセントになります。

巻頭の最初の一文などは一〇〇パーセントです（「羽」は人間の身体ではありませんが）。しかも、このうちの「学（學）」、「時」、「習」、「之」の四文字は運動も伴っています。

『論語』は、決して静的な教訓書ではなく、極めてダイナミックな、そして「心」の使い方を教えようという、かなり過激な一書なのです。

さて、では身体文字と古代文字に注目しながら、そして自分の身体感覚を信じながら『論語』世界を探究していきましょう。

（止＝足＋一）

（羽）

（之）

第1章　論語世界との新たな出会い

▼孔子時代の文字で『論語』を読む

渋谷区にあるお寺、東江寺（飯田義道住職）で寺子屋を開いています。月に二回、子どもから大人までわいわいと大声で『論語』の素読をしたり、能の謡を謡ったりしているのですが、この寺子屋では『論語』をちょっと変わった読み方で読んでいます。

序章で述べたようなやり方で、すなわち孔子が生きていた時代の文字に直して『論語』を読んでいるのです。

『論語』は、孔子の言行録です。孔子は今から二五〇〇年ほど前の人、紀元でいえば前五〇〇年くらい（紀元前五五一年—紀元前四七九年）、春秋時代後期で、キリスト誕生の五〇〇年ほど前です。

イエスの言行録である『新約聖書』中の福音書は、現存するものは古代ギリシャ語で書かれているものがもっとも古い。しかしながら、古代ギリシャ語はイエスが実際に語っていた言葉とは違います。それに対して『論語』は孔子の語っていた言葉、すなわち古代中国語、漢文で書かれています。

しかもラッキーなことに孔子時代の文字も、どんなものが使われていたのかがわかっています。そんなおいしい資料が残っているならば、孔子時代の文字に直して読んでみたい、そう思いました。

その頃の文字は、現代の漢字とちょっと違います。形も違うし、語彙（ごい）も違う。

現代の漢字で孔子時代になかった文字もたくさんあります。逆に孔子時代には使われていた文字でも現代では消えてしまったものも、やはりたくさんあります。後者はよいのですが、困るのは前者です。

『論語』を孔子時代の文字に直して書こうとすると、その文字がまだ孔子時代には生まれておらず、そのままではダメだということがよくあるのです。

『論語』が現在の形にまとめられたのは、孔子が活躍した時代から、さらに五〇〇年から七〇〇年ほど経た後漢（ごかん）の時代といわれています（最初に書物になったのは戦国末から前漢の頃だといわれていますが、現代に残る最古の写本は定州漢墓のもので紀元前五五年以前のものとされています）。五〇〇年の間、弟子の口から弟子の口へと伝えられた孔子や門人たちの言行の記憶が、あるときに書物としてまとめられたのが『論語』です。文字化される以前の『論語』は口伝えで伝承されてきました。口伝えによる伝承では、さまざまな変化が起こります。

ここまでに何度か触れたように私は能楽師です。能もその稽古は口誦によるものが中心でした。ですから詞章に流儀による違いが生じました。また、琵琶法師によって語り継がれた『平家物語』などには、多くの異本が存在しています。それが口誦伝承の宿命です。特に能では、ある語句にどんな漢字を当てるかは流儀によってまったく違います。能の大成者である世阿弥の自筆の台本を見ると、すべてがカタカナで書かれていたりします。口誦伝承では、「音」による伝承が大切で、どんな文字を使うかは割合どうでもよいことなのです。そして後世、時代の要求に従って流儀の定本を作ろうというときに、伝承されてきた「音」に、その時代に「これが正しい漢字だ」と思う漢字を当てました。

『論語』も同じだったのでしょう。

孔子たちの言行を「音」として口誦で伝えていた弟子たちが、『論語』を書物として編もうとしたときに、その音に、その時代の漢字を当てた。そういう意味では弟子たちに責任はないのですが、しかし、現代、振り返って漢字から意味を考えるとき、少なくとも孔子の語った言葉の中に、孔子が生きていた時代にはなかったものが入っているというのは気持ちが悪い。

【孔子時代の文字】　【いまの漢字】

孔子の時代の「魯」の字の中の「魚」はとても具象的で、そのまま水の中で泳ぎ出しそうだ。

この字は今の漢字にすると「乍」だが、意味は「作る」。小刀でトという字を刻むというのが原義。

魯
士
〓
父
乍
飤
〓
永
寶
用

この文字は『大漢和辞典』にも載っていない。『大漢和』には、「閭」の異体字として両側に戸（門）を付けた「閭」が載っている。閭は周の一族である（姫姓）。

この二文字は『大漢和辞典』には載っているが、現在、ほとんど使われていない。

そこで、そんなときには「本当はどんな漢字が使われていたのだろう」ということを想像しながら読むことにしています。

ひとつ、孔子時代にはなかった漢字が含まれる『論語』の例を見てみましょう。

▼「不惑」は孔子の言葉ではない？

孔子時代にはなかった漢字が含まれる『論語』の文の代表例は「四十にして惑わず」です。

「吾、十有五にして学に志す」から始まり、三十、四十、五十、六十、七十と各年齢ごとのさまざまな境地を記したおなじみの文章の一節です。

「四十にして惑わず」、漢字のみで書けば「四十而不惑」。字数にして五文字。この五文字の中で孔子時代には存在していなかった文字があります。

「惑」です。

五文字の中で最も重要な文字です。この重要な文字が孔子時代になかった。

これは驚きです。なぜなら「惑」が本当は違う文字だったとなると、この文はまったく違った意味になる可能性だってあるからです。

ちなみに、この句は『論語』嫌いを増やす句としても有名です。

「さて、自分もいい年になった。ここらで『論語』でも読んでみようか」と思って頁(ページ)をめくるとこれです。四十を「不惑」だなんていうのは、少なくとも四十を超えた人は「冗談ではない」と思う。たかだか四十歳で「自分は惑わない」などという人はいません。当時の年齢の重みは今とは違うでしょう。八掛けだとすれば現代の五十歳くらい、七掛けと考えたとしても、五十七歳。いや、いや。六十歳と考えても「不惑」という境地に至るのは、まだまだ早いし、難しい。

そこで「四十にして惑わず」といい切る孔子は特別な人で、自分とは違うんだ。そして『論語』とは、そんなできもしない教訓を記した建前ばかりの本だ、と思ってしまいがちなのです。

しかも、この文は『論語』全体の雰囲気に少しそぐわない。

『論語』には、清冽(せいれつ)な清水のような味わいがあります。いつ読んでも気持ちがよい。気持ちが鬱屈(うっくつ)しているときなどは『論語』の適当な頁を開いて、一文を読む。あるいは書き写す。そして、その言葉を含んで舌先で転がしていると、上質でしかも滑らかなお酒を味わうような端麗さを感じます。さらに時間が経(た)つと、いつの間にか馥郁(ふくいく)たる味に変化する。なんともいえない滋味があるのです。しかもいやらしくない。

そんな味わいの『論語』の中で、「自分は四十歳になったときにはもう惑わなくなった」という孔子の言葉は変です。孔子はこんな自慢はしない。などと思っていたら、どうも「惑」という漢字は孔子時代には使われていなかったらしいということがわかったのです。

孔子は四十にして「惑わず」とはいわなかった、そんな可能性もあるのです。では、孔子は何といっていたのでしょうか。

▼不惑とは限定しないこと

「惑」じゃないとしたら、孔子はどんな漢字を使っていたんだろうか、ということを想像してみます。もし孔子が自身で書いたとしたら、どんな漢字で書いたのだろうかということを推測してみるのです。

『論語』の中で、孔子時代にはなかった漢字から当時の文字を想像するときには、さまざまな方法を使います。一番簡単なのは、部首を取ってみるという方法です。部首を取ってみて、しかも音に大きな変化がない場合、それでいけることが多い。

「惑」の漢字の部首、すなわち「心」を取ってみる。

「惑」から「心」を取ると「或」になります。古代の音韻がわかる辞書を引くと、古代音では「惑」と「或」は同音らしい。となると問題ありません。そして「或」ならば孔子の活躍する前の時代の西周（せいしゅう）期の青銅器の銘文にもありますから、孔子も使っていた可能性が高い。

　孔子は「或」のつもりで話していたのが、いつの間にか「惑」に変わっていったのだろう、と想像してみるのです。

　さて、では「或」とはどんな意味なのでしょうか。その古い形を見てみましょう。

「或（　）」の右側（　）は、「戈（ほこ）」であると漢字学者の白川静氏はいいます。あるいは、これは「弋（よく）（矢）」で、「境界」を表すという説もあります。同じく漢字学の泰斗である加藤常賢（じょうけん）氏や赤塚忠（きよし）氏の説です。白川静氏も、この字が「境界」を表すというのにには賛成で、左側の「口」の上下にある「一」が境界を表すといいます。

　ここでは両説の優越を云々（うんぬん）することは措（お）いて、どちらにしろこの文字が「境界」に関する文字であることは確かなようです。

「戈」や「弋（矢）」で地面に線を引いて境界を示す。子どものころ、地面に棒切れ

（或）　（戈・弋）

で線を引いて「ここから奥は俺の陣地」なんていうのと同じです。

「或」を「囗」で囲むと「国(國)」になるし、「土」をつけると「域」になります。ともに「区切られた区域」をあらわします。

「或」とはすなわち、境界によって、ある区間を区切ることを意味します。「或」は分けること、すなわち境界を引くこと、限定することです。藤堂明保(あきやす)氏は不惑の「惑」の漢字も、その原意は「心が狭いわくに囲まれること」であるといいます(『学研漢和大字典』学習研究社)。

四十、五十くらいになると、どうも人は「自分はこんな人間だ」と限定しがちになる。「自分ができるのはこのくらいだ」とか「自分はこんな性格だから仕方ない」とか「自分の人生はこんなもんだ」とか、狭い枠で囲って限定しがちになります。

「不惑」が「不或」、つまり「区切らず」だとすると、これは、「そんな風に自分を限定しちゃあいけない。もっと自分の可能性を広げなきゃいけない」という意味になります。そうなると「四十は惑わない年齢だ」というのとは全然違う意味になるのです。

▼初心忘るべからず

孔子は「君子は器ならず」ともいっています。「器」とは専門家のことです。君子はひとつのことしかできない専門家になってはいけない。「自分はこの専門家だから、これ以外のことはできない」、そんな風に自分を限定せずに、もっと自由になろうと孔子は提唱します。まさに不惑（或）です。

これは、能を大成した世阿弥が書いた「初心忘るべからず」とも共通します。

初心の「初」は「衣」偏に「刀」です。着物を作るために布地に刀を入れるということを意味します。衣を刀で裁ち切る、それが「初」です。

着物を作るために、まっさらな反物に鋏を入れる。もったいないし、失敗の可能性を考えると怖くもある。だが、それをしなければ着物はできない。だから勇気を持ってバッサリいく。そのような心で、自分自身をバッサリ裁ち切って、新たな自分を見つけていく、それが「初心」です。

古い自分をリセットし、常に新しい自分に出会っていく、そんな気持ちを持ち続けることを世阿弥は提唱します。

世阿弥は「時々」の初心忘るべからずといいます。

人生にはさまざまなステージがある。女性は身体の変化によって、そのステージを強制的に感じるようにできていますが、男性はよほど自覚的に迎えないといつの間にか各ステージをやり過ごし、気がついたら「もうこんな年になっていた。それなのに自分はまったく進歩をしていない」ということになりかねない。

だからこそ世阿弥は、各ステージにおいて自覚的に、かつ強制的に自分自身に鋏を入れて、過去のしがらみを切り、新たな生を生き直す大切さを「時々」の初心といって強調しているのです。芸ならば、新たな芸境に入るために、自身をバッサリ切る、その大切さをいいます。芸道や日本の稽古の世界では「お抜き」という形で、それがシステム化されています。

さらに世阿弥は「老後」の初心という言葉も使い、老後になっても、自分自身を裁ち切る初心の重要さをいいます。

ある程度の年齢を重ねてからの初心は大変です。一反二、三万円の反物ならば鋏を入れるのだって気楽にできます。が、一反が数十万円とか、一〇〇万円以上もする反物に鋏を入れるのはこわい。同じように若いころの初心はまだ楽です。捨てるものが少ない。しかし、年輪を重ね、さまざまなことを積み重ねた自分を捨てるというのはそう簡単にできることではない。

それが本当に怖くなるのは当時でいえば四十歳、今ならば五十～六十歳くらいでしようか。だから四十が「不惑（或）」なのです。

こんな風に、孔子時代の漢字に直しながら『論語』を読んでいくと、『論語』がまったく新しい古典として私たちの目の前に再登場します。今まで見えてこなかった世界が広がってくるのです。

むろん、だからといってこれは今までの読み方を否定するものではありません。なんといっても『論語』が二〇〇〇年以上も読まれ続けてきたのは、古典的な読み方によってなのです。それは、一冊の古典を二〇〇〇年以上も伝え続ける力を持っていた読み方です。

その古典的な読み方に加えて、近年の古代文字発掘の成果を加味した読み方をもってすれば『論語』はさらにすごい古典になると思うのです。

▼『論語』の「心」とは

さて、こんな風に『論語』を読んでいくと、現行『論語』にはあるが、孔子の時代にはなかった、あるグループに属する文字群を見つけることができます。

それは「心」のグループです。「心」のグループに属する文字が孔子の時代には、ごっそりと抜けているのです。

「心」のグループに属する文字には、たとえば「思」や「恋」などの「心」がつく漢字、「性」や「悔」などの「忄(りっしんべん)」がつく漢字、そして「恭」や「慕」などの「⺗(したごころ)」がつく漢字などがあります。先述の「惑」もそのひとつです。

むろん「心」グループの漢字がまったくないというわけではありません。しかし、「惑」のような「え、こんな漢字が」と思うような「心」グループの漢字が孔子時代にはないのです。

さらにこの作業を続けていくと、「心」という漢字そのものすら、孔子の活躍する、ほんの五〇〇年ほど前にやっと生まれたばかりの新生漢字だということに気づきます。孔子にとっては「心」という文字や、そしておそらく「心」という概念自体も、ちょっと前に生まれたばかりの新興概念だったのです。

▼漢字の生まれた日

ここで「心」が生まれた日に遡(さかのぼ)ってみたいと思うのですが、その前にさらにもう少し遡り、漢字の生まれた日を見てみましょう。

漢字が発生したのは殷(いん)の武丁(ぶてい)という王の時代で、紀元前一三〇〇年くらいだといわれています。孔子の活躍する八〇〇年ほど前です。孔子からすれば、これもつい最近のできごとですね。

中国古代王朝の流れを簡単に復習しておきましょう。

中国最古の王朝は「殷」帝国です。「商」と呼ぶのが正しいのですが、本書では通例の通り殷と呼んでおきます。近年は殷の前の王朝である「夏」王朝の実在もかなり確実視されてはいますが、しかしまだ不確定な部分も多いので、一応、殷が最古の王朝だとして話を進めます。

さて、殷は酒池肉林で知られる紂王の治世を最後に滅亡します。殷を滅ぼしたのは「周」の武王です。これが紀元前一〇〇〇年くらい。それから周王朝の時代になります。周はそれから八〇〇年近く続き、前半を「西周」、後半を「東周」といい、東周はさらに「春秋時代」と「戦国時代」に分けられ、東周の前半である春秋時代の、その晩期に孔子は活躍します。

殷→西周→春秋（孔子）→戦国

この流れを頭の片隅に入れておいてください。

さて、話を戻しましょう。

殷の時代には亀の甲羅や鹿の肩甲骨などに刻まれた文字（甲骨文）と**青銅器に鋳込まれた文字**（金文）があり、その文字数は数え方にもよるのですが、三五〇〇種以上とも、四〇〇〇種以上とも、あるいは五〇〇〇種以上ともいわれています。しかも、その多くが漢字発生の時期といわれる武丁の時代に生まれました。

たった一代の王の時代におびただしい数の文字が発生しているのです。

これは信じがたい。

文字なんてものは、ゆっくりゆっくりと何代も何代もかけてできあがっていくというイメージがあります。それなのにたった一代で一挙に。

むろんそれまでにも漢字らしきものがまったく見つかっていないわけではありません。新石器時代の半坡遺跡や大汶口遺跡などからは漢字の母型のようなものがいくつか見つかっています。しかし、その数は非常に少なく、またとても幼い。なので現時点では、（今につながるという意味での）漢字は殷の武丁という王さまの時期に一挙に生まれたと考えられています。

漢字が短期間に一挙に生まれたという摩訶不思議さは、さまざまな人の想像力をかきたてるようで、たとえば古代中国に材を多く取る小説家の宮城谷昌光氏などは『沈默の王』（文藝春秋）という表題短編の中で、言語障害があった武丁が文字を発明するまでを描いています。あるいは「こんな量の漢字が一代でできるわけがない。それはまだ発見されていないだけで、ここに至る漢字の歴史がどこかに埋もれているはずだ」と考える人も少なくありません。

話がややそれますが、言葉の発生にもゆるゆるとできていったという「漸進説」と、あるときにビッグバンのように一気にできたという「跳躍説」とがあります。また、その中間を取る「前適応説」という説もあります。

鳥の鳴き声を研究する生物心理学者である岡ノ谷一夫氏は、言語の起源について生物学的に説明しようとするときに、「前適応説」を採用する、として次のように書きます。

> 前適応説では、言語をひとつの認知機構として扱わず、言語を構成する要素となる下位の認知機構がいくつも融合して出現した、融合機能であると考える。そしてそれぞれの下位機能は漸進的に少しずつ自然淘汰で進化してきたが、それらが融合して言語を成したのは進化の歴史から見れば一瞬の出来事で、融合の過程自

体には自然淘汰は関与しないのではないか（『脳研究の最前線』上、講談社ブルーバックス、一九〇～一九一頁（ページ））。

言葉は文字に先行します。そういう意味ではこの説は、漢字の発生を考える上でも参考になります。

漢字の起源にあてはめれば「半坡遺跡や大汶口遺跡などから出土する母型文字はゆるゆるとできていったが、それが漢字と成ったのは一瞬であった」ということです。これは面白い。しかし、漢字でそれを証明しようとするには、もう少し漢字母型の文字の出土が必要でしょう。これからの発掘や発見が楽しみです。

▼漢字はたくさんあったのに「心」がない

漢字の発生については、これからの発見を待つことにして、さて現代の常用漢字の数は二一三六字（二〇二四年時点）です。日本語では常用漢字を覚えれば新聞は読めるし、ほとんどの本を読むことだってできます。

殷代に存在した漢字の種類、四〇〇〇（あるいは五〇〇〇）といえば常用漢字の倍以上です。また種類の数だけでなく、漢字の構造を見ても「山」や「魚」などの象形（しょうけい）

や「二」や「上」などの指事文字といった原始的な文字だけでなく、象形や指事文字を組み合わせた会意文字や意味と音を表す文字を組み合わせた形声文字というような、かなり進化した複雑な文字もあります。

今から三三〇〇年くらい前に漢字はすでに完成していたといってもいいでしょう。それなのにその中には「心」もないし、「心」グループの漢字もない。

身近にある漢和辞典を開いてみてください。部首を調べてみれば、いま使われている漢和辞典の中では「心」グループの漢字は数がもっとも多い漢字のひとつだということがわかるでしょう。それなのに漢字ができたとされる殷の時代には、「心」グループの基本漢字である「心」すらないのです。

これは驚きです。

「心」という文字がなく、「恋」もシタゴコロも含めて、「心」グループの漢字が一字もない。「恋」もシタゴコロもない世界なんて、なんかイヤだ。

▼「心」の生まれた日

殷の時代には「心」すらないのに、「心」グループの漢字は、現代ではもっとも多い漢字グループのひとつになっています。

ということは、「心」という漢字や「心」グループの漢字は、あるときに突如出現して、そして、やはりあるときを境に爆発的に増殖したということになります。

この過程を私たちは、出土文物や書物から知ることができます。しかも漢字で書かれているから読むこともできる。これはすごい。日本人に生まれた喜びを実感します。

では、「心」はいつできたのでしょうか。

甲骨文字の中には「心」を見つけることができません。『甲骨文字字釋綜覽』（東京大学出版会）の中にはいくつかの文字を「心」と読む中国人学者の説も載っていますが、それは金文の「心」とはまったく違う字体なので、納得しかねます。

また、殷の時代の金文の中にも「心」は見つけることができません。これも同じく、いくつかの文字を「心」と読む説があるのですが、同様の理由で納得しかねます。

殷が終わり、周になると金文の中に「心」グループの文字が突如出現します。

「心」という文字は、殷が終わって王朝が「周」に替わったころに生まれたようです。殷を滅ぼし、周王朝になったのは紀元前一〇四六年ごろ。今から三〇〇〇年くらい前。

つまり、「心」は約三〇〇〇年前に生まれたのです。

孔子が活躍したのが紀元前五〇〇年くらいですから、「心」という漢字は、孔子が活躍する、たった五〇〇年前にできたということになるのです。

▼日陰の存在

さて、やっと誕生した「心」ですが、それからもかなり長い間、日陰の存在を続けることになります。「心」はせっかく誕生してもあまり使ってもらえなかったし、よき伴侶(はんりょ)にも恵まれず、「心」グループの漢字もあまり生み出されなかった。

周の時代の間、すなわち戦国時代晩期までに生み出された「心」の子どもたちはたったの八七字です。かなり少ない。『論語』の中の「惑」も「志」も、孔子が生きていた時代には誕生していなかった。

「心」がその後にどのような過程を辿(たど)って増殖していったか。それを詳しく述べることは本書の範囲を超えるので避けますが、その経緯を白川静氏は次のように書いています。

〔説文〕に心部二百六十三字、重文二十二字、〔新附〕に十三字、〔玉篇〕には計六百二十九字を属する。心部の字は金文にも東周期を含めて約八十六字あり、形声字の例も多い。六朝期には、心性の問題の複雑化に伴って、字数が急増している（『字通』平凡社）。

「心」が爆発的に増えるには六朝期、すなわち「心」の誕生からは一五〇〇年、孔子時代からでも一〇〇〇年の時を待たなければならなかったのです（白川氏は心部の漢字は約八六字と書かれていますが、それ以降の発掘の成果で現時点では八七字になっています）。

▼心のない人？

「心」という文字がなかったのは、ひょっとしたら人間に心がなかったからではないか、という疑問は当然起こります。しかし、人間には「心がない」なんていう時代が本当にあったのでしょうか。そもそも心がない人間なんているのでしょうか。もし、自分に心がなかったら、どうなってしまうか。

なんてことを考えていると、いや、心がなければ、「自分に心がない」ということすら気づかないかもしれないので、この問い自体が成立しません。いやはや、話が終わってしまいます。

心がどうやって生まれたか、そしてそれがどのように発展してきたかについては、さまざまな人がさまざまな角度からアプローチしています。近年は、やはり何といっても脳科学の分野からのものが面白いし、避けては通れない道筋です。心の問題は深入りしたくなる問題ですが、とはいえあまり深入りすると出口が見えなくなってしまうおそれもあります。素人は手を出さないに越したことはないとは思うのですが、しかし、この問題は『論語』世界を考える上で避けて通ることができない問題でもあるので、ここでは迷子にならない程度にその問題に触れることにしましょう。

さて、人間はかつて心がなかった時代があったのか。

そんな質問に「然り！」という人たちがいます。

たとえば『心の先史時代』（青土社）を書いたスティーヴン・ミズン。彼は、認知考古学の立場から、人間の心は三万〜六万年前にできたと主張しています。

ミズンは人間の心（マインド）をアーミーナイフにたとえます。アーミーナイフの中には、ナイフやハサミやドライバーなどが入っていますが、人間の心の中にも同じようにさまざまな要素が含まれている、と考えます。むろん、人間の心の場合はナイフなどではなく以下のものです（括弧内は安田）。

・技術的知能（石器やヤジリやプラモデルを作るとか）
・博物的知能（あそこに行くとマンモスがいるぞとか、いい男・女がいるぞとか）
・社会的知能（みんなでワイワイやった方が一人で行くより楽しいぞとか）

六〇〇万年前の最初の人類の心はアーミーナイフにたとえれば、一本のナイフから始まりました。そのうちナイフだけではなく、ハサミがついたり、ドライバーがついたり、ワイン・オープナーがついたりして、アーミーナイフが誕生し、さらにナイフにもギザギザがついたり、ドライバーにもマイナスもプラスもついたりと、それぞれの機能がおのおのの中でどんどん洗練されていきます。すなわち「知能が未分化」だった状態から、脳の中が「各要素の知能」に分かれていき、そしてその「要素の中でさらに進化」するという歴史です。ゆるゆる漸進説です。

ところがあるとき、このゆるゆる漸進説が「もうこれ以上は発展できない」という状態になります。進化の行き詰まりです。

この行き詰まりを打破するために「文化のビッグバン」、「脳のビッグバン」が起こるのです。

さまざまな要素に分かれていた各知能にズドンと横穴が開いて、各知能間に流れができます。たとえば、石器を作っていた技術的知能に、博物的知能や社会的知能も加わってアートが生まれました。

横穴が開いたことにより、知能間の各要素の間に連絡が生じ、流れがよくなる。ミズンの用語を使えば「認知的流動性」が生じます。「宗教」や「科学」が生まれる素地もできたのです。

このビッグバンが起こったのが約六万年前で、それが心の誕生である、とミズンはいいます。

ミズンのいう心は、非常に原初的な心です。私たちが普段、悩んだり、苦しんだり、あるいは楽しんだりする心は、それよりさらに進化した心です。

その進化した方の心の誕生について書いているのは『神々の沈黙』（紀伊國屋書店）のジュリアン・ジェインズです。

▼心は三〇〇〇年前にできた

ジュリアン・ジェインズはプリンストン大学の心理学の教授でした。

彼は「心が生まれたのは三〇〇〇年前だ」と主張しています。これは漢字の「心」の起源と偶然にも時期を一にします。くり返しになりますが、漢字の「心」もちょうど三〇〇〇年前に生まれたのです。

ミズンは心が生まれたのは六万年前（ないし三万年前）だといい、ジェインズは三〇〇〇年前だという。「万年」と「千年」という、この驚くべき差は、心とは何かという定義の違いによります。

ミズンにとっての心とは、各知能間をつなぐ司令塔のようなものです。脳でいえば前頭前野です。芸術を生み出すことができるような、各知能間を結ぶメタ知能がミズンにとっての「心」です。それに対してジェインズにとっての心は「内省する意識」（コンシャスネス）です。私たちがふだんの生活で「心」というときは、むしろこちらの使い方が多い。

彼は楔形（くさびがた）文字や古代ギリシャ語の研究から、心、すなわち意識は三〇〇〇年前より前にはなかったことに気がつきました。

古代ギリシャ語で書かれたホメーロスの『イーリアス』の中には、「心」を表す言葉がなく、現代のわたしたちが、心という意味で使うような言葉には身体語が使われている。

たとえば「魂」や「意識ある心」を表す「psyche（プシューケー）（ψυχή）」は、本来は「血」や「息」という意味ですし、「感情に満ちた魂」を表す「phren（フレーン）（φρήν）」は「横隔膜（おうかくまく）」です。現代の私たちがいう「心」の働きに対応する語は、身体語によって表現されていたのです。となると、どうもその昔、人間には「意識」とか「意思」がなかったんじゃないか、そうジェインズは思ったのです。

これは『論語』の中の「心」グループの文字が身体語、身体文字であったことに比することができるでしょう。すなわち「志」は古代の文字では足（足跡）であり、また「愛」は後ろを振り返る人の姿でした。

意識や意思がない人間は、じゃあ、どうやって行動していたのでしょうか。

心理学教授だったジェインズは、統合失調症の人々の心の状態から、どうも古代人は「神」の声に従っていたのではないか、という仮説を出します。

こういう人間の心を彼は〈二分心（にぶんしん）〉（正しくは〈二院制の心〉）と名づけました。なぜ「二分」心というかというと、古代人の心の中は、そして現代でも統合失調症の患者さんたちの心は、次のように二つに分かれていると考えられるからです。

（1）命令を下す「神」と呼ばれる部分

（2）それに従う「人間」と呼ばれる部分

注意したいことは、古代の人々は、このどちらも「意識」することはなかった、ということです。〈二分心〉の人間には意識するという心がなかったのです。

「えー？　意識がない状態で人は生活ができるの？」という問いに対してジェインズは、「だって、僕たちだってふだんほとんど意識しないで生活してるでしょ」と、たとえば車の運転や、ピアノの演奏などを例に出します。歩いているときもそうだし、舞台で謡（うたい）を謡っているときもそうです。

そんなときに下手に意識をしようものなら、急にうまくできなくなってしまう。人前で歩こうとするとギコチナクなってしまった経験を持つ人は多いでしょう。

信号で止まるときだって、あるいは自動販売機で何かを買うときだって、実は私たちはほとんど自分の自由意思は使っていません。「何が飲みたいか」と聞かれたときに答えようとする選択肢の中には、まったく未知の飲料は入っていません。選択肢はすでに与えられているものなのです。

むろん「神」の命令でコーラを買っているわけではありません。しかし神に代わる存在、たとえばテレビＣＭとか子どものころに埋め込まれた無意識からの声に従っています。それは自分を超越した存在という意味では神と同じだといえるでしょう。

日本人には「世間様（せけんさま）」という、どこにでも遍在するすごい神もいます。現代の「神」は、さまざまな形で現れるのです。

と、だいたいここまでがジェインズの言いたいことの概要（安田が勝手に膨らませていますが）で、それが『神々の沈黙』の第一部の内容です。ちなみにジェインズは「神」の部分を右脳だといいますが、それを右脳といい切ってしまっていいかどうかはちょっと怪しいんじゃないかな、と私は思っています。これからの脳科学の審判に任せることにしましょう。

さて、そんな風に神の声に従っていた〈二分心〉の人間から、現代の私たちのように「内省する意識」を持つ人間への変遷（へんせん）を、文明の発祥からギリシャの神話とか、旧約聖書とかを繙（ひもと）きながら解いていくのが『神々の沈黙』の第二部です。

そして、ある日、神の声が聞こえなくなり、それに代わるものとして意識が誕生した。

それが三〇〇〇年前です。

続く第三部では、現代に残る〈二分心〉の名残を「神託（しんたく）」、「預言者（よげんしゃ）と憑依（ひょうい）」、「詩と音楽」、「催眠」、「統合失調症」、そして「科学」の中に見るという試みをしています。

ジェインズによれば、私たちは「今なお、新しい精神構造への移行のまっただ中にある」ので、実は現代人の多くも〈二分心〉で生きているといってもいい、といっています。

『神々の沈黙』をお読みになるとわかりますが、ジェインズの説は、ちょっと怪しく、間違いもあったりします。が、だからこそすごく面白い。天才肌の人はいいたいことだけをわいわいといってさっさとこの世から姿を消してしまう。ジェインズも一九九七年に亡くなってしまった（七十七歳）。こういうセンセーショナルなことをちゃんと証明しないで亡くなってしまうのはずるいし、後に残る者は大変です。

とはいえ、彼の〈二分心〉の考え方と、そして人間は「今なお、新しい精神構造への移行のまっただ中にある」という主張は『論語』を考える上でも非常に重要です。

それにジェインズは「中国の文献は、孔子の教えを記した『論語』によって主観性の世界に飛び込んでおり、それ以前にはほとんど何もない」とも書いています。古代中国人は『論語』によって心の世界を獲得したとジェインズはいうのです。

▼漢字「心」の誕生も三〇〇〇年前

しかし、中国においては「心」はジェインズがいうより、すなわち孔子の時代より、もう少し早い時期に誕生します。古代中国で「心」という漢字が生まれるのは今から三〇〇〇年前、ちょうど殷から周に王朝が替わった時代です。「心が生まれたのは今から三〇〇〇年前だ」というジェインズの主張は、先に述べたように漢字の「心」が生まれた時期と奇しくも一致します。そして、ジェインズが書いたとおり『論語』が「心」の発展に寄与した役割は大きいのですが、それに関しては最終章で詳しく扱います。

さて、では「心」が生まれる前の人々、すなわち殷の時代の人々は〈二分心〉で生活していたのでしょうか。残念ながら現存する資料から、それを証明することは難しい。

しかし、ジェインズの〈二分心〉の図式は『論語』世界を説明するのに重宝します。ジェインズの〈二分心〉とは少し違うのですが、『論語』の中にも二つの世界があるからです。

ただしそれはジェインズのいう(1)命令を下す「神」と呼ばれる部分と(2)それに従う「人間」と呼ばれる部分という区分とは少し違います。孔子の時代にはすでに「心」が登場しているからです。命令を聞く「人間」の部分には、すでに「心」が生まれているのです。

ですからジェインズの図式に当てはめると『論語』の中の二つの世界は、（1）「神」の部分と、（2）「心」の部分に分かれます。『論語』の用語を使えば「命」の世界と「心」の世界です。

「命」の世界……運命、天命
「心」の世界……心、意思

「命」とは運命の命です。ジェインズの説でいえば「神」の部分に近いでしょう。自分の力ではどうすることもできない、大きな力によって動かされている世界、それが「命」の世界です。

それに対して「心」の世界は、自分の意思の世界、自由意思の世界です。与えられた状況を、自分の力で切り開いていこうとする世界、それが「心」の世界です。「命」の世界は人類創生のころから遺伝子の中で綿々と受け継がれてきた古典世界です。しかしそれに対して、「心」の世界は、孔子や彼の同時代の人々にとっては、つい五〇〇年前に生まれた、できたてほやほやの新興世界だったのです。

では、次章以下で、これらの世界と『論語』との関わりを見ていくことにしましょう。

第2章　「命（めい）」の世界

ました。

▼「心」の世界

前章で『論語』の世界には「命」の世界と、「心」の世界があるということを書きました。

命とは運命の「命」であり、宿命の「命」です。私たち人間にはどうしようもできないもの、それを古代人は「命」と名づけました。そのころの人々の多くは与えられた運命には逆らうことをせず、ただ従順にそれを受け入れるという「命」の世界に住んでいました。

それに対して、私たち現代人の多くは「心」の世界に住んでいます。「心」は「こころ」と読まずに音のまま「シン」と読むことにしましょう。

「心」の世界とは、自由意思の世界です。

「命」は、ある。厳然とある。しかし「命」をそのままに甘受せず、時には変えていこうとする意思の力、それが「心」であり、その心によって創造された世界が「心」の世界です。どんな運命を背負って生まれてきても、「心」、すなわち自由意思をうまく使えば、それを変えることはできる。厳然と、そして冷然と存在する「命」だって、中には変えることができるものもある。それを変えていこうとする人間の力が「心」なのです。

しかし、それは自然にできるものではありません。「心」をうまく使う方法と、そしてそれを自分のものにするための習慣とが大切です。「心」によって「命」の方向性を変え、そしてそれが自分にとっての自然、すなわち「命」になるまでくり返す。『論語』の中ではその重要性と方法論を述べています。

ジェインズが、「中国の文献は、孔子の教えを記した『論語』によって主観性の世界に飛び込ん」だと書いたように、『論語』は「心」の使い方を扱った最初の書物なのです。

▼心が生み出した副産物

「心」という漢字は、今から約三〇〇〇年前に生まれました。そしておそらくは、その少し前に、人は心を獲得した。心の獲得は、それまではただ盲目的に従っていた「運命」を変えるための人類のビッグバン的出来事だったのですが、同時に激しい副作用をもたらしました。

それは「自己イメージ」と「心の病」の創出です。

それまでは「自己」のみに従って生きてきた人間が、「心」の誕生により「自己イメージ」を持つようになったのです。「自己」と「自己イメージ」とはどう違うのでしょうか。

たとえば、あなたがいまビルの五〇階でセミナーを受けていて、「この窓から飛び出して、隣のビルに行って、またここに戻って来られますか」と聞かれれば、「できない」と答えるでしょう。これは当たり前です。「じゃあ、ここにいる受講生の前で全部、服を脱いで踊ることができますか」と聞かれれば、やはり「できない」と答えます。

このふたつの「できない」はまったく違う「できない」です。

前者のできないは「自己」の保存からの「できない」であり、後者のできないは「自己イメージ」の保存からの「できない」です。

人以外の生物は自己を保存するため（自分の生命を守るため）にあらゆる行動をしますが、人だけは違います。人がもっとも大切にするのは自己イメージです。自己イメージを保存する（守る）ためには、人は自己すらをも犠牲にします。リストラや失恋、そのほかさまざまな事由・理由において、「それまでの自分」という自己イメージを保存するために、人は生きている自己をすら滅却することがあるのです。

むろん、本人にとって、それは「自己イメージを保存したい」がゆえのこと、とは意識されません。本人はそれを心の苦しみとして感じています。「心」の苦しみ、これが心が生み出した二番目の副作用です。

「命」の世界という自然の世界から、「心」の世界という創(つく)られた世界に飛び込んでしまった私たちには、新たな苦しみが与えられてしまいました。

「心」という漢字が生み出されたと同時に、それは「悲」、「怒」、「悩」などの苦しみを伴った文字と、そしてそれに伴う感情を生み出す可能性を孕(はら)んだのです。そして、実際にそのような感情と文字が次々と生み出され、いまは漢和辞典の中で「心」部の占める割合はあらゆる部首の中で最も多い部首のひとつです。

このような苦しい心は、やがて病となり、現代にもそれは引き継がれます。

孔子の時代にも、むろん苦しい心はありました。『論語』では、この苦しい心を何とかしようという提案をしています。詳細は第5章に譲りますが、孔子は「礼」を使うことによって、その苦しい心は解消されるということを示した人だったのです。

▼空洞の人、孔子

聖人・孔子のイメージからは、孔子がこのような苦しい心とは無縁の人だ、と思ってしまいがちです。しかし、孔子こそ、この苦しい心を深く抱えた人だったのではないでしょうか。そしてだからこそ孔子は、本来は神とのコミュニケーション・ツールであった「礼」が、苦しい「心」に役立つと発見したに違いありません。そして、それは孔子の出生に関わっているように思われます。

『史記』の「孔子世家」には、孔子は両親の「野合」によって生まれたと書かれています。「野合」とはどのような意味であるのかは諸家の意見が分かれるところです。しかし、それが決して恵まれた出生ではなかったこと、そしておそらくは皆から祝福された出生ではなかったことが「野合」という言葉から推測されます。

この「野合」という孔子の出生も含めて、彼が本当はどのような幼少期を過ごしたのかは、正しくはわかっていません。孔子の伝記でもっとも信憑性が高いといわれる『史記』の「孔子世家」ですら、孔子の死後四〇〇年近く経って書かれたものです。そのまま信じるわけにはいきません。

しかし、『史記』執筆当時、すでに高い名声を得ていた孔子の出生をわざわざ「野合」と書くことは、彼の出生が決して恵まれていなかったということを、少なくとも司馬遷は示したかったし、そしてそれを示すことに意味があったからではないでしょうか。なんといっても孔子は、庶人の中ではただひとり「世家」という、本来ならば諸侯の伝記が載るエリアに載せられています。そんなすごい扱いをしながら、わざわざ「野合」ということを強調する、これはとても意味のあることだと思うのです。

孔子自身も『論語』の中で、「吾れ少くして賤し」といっています。「野合」という恵まれない出生、そして若いときの賤しい生活、それが孔子のベースにあります。おそらくはつらい幼少期、そして青年期を過ごしたのではないでしょうか。

孔子はだから、自分のことを決して偉い人間だとは思っていない。『論語』の中には命令文や禁止文が非常に少ない。むろん皆無ではありませんが、しかしとても少ない。このような書では珍しいことです。「〜せよ」といういい方や「あれをしてはいけない、これをしてはいけない」というようないい方を孔子は殊更に避けているように見えます。

それは孔子が、自分は人に命令をできるほど偉い人間ではない。むしろ欠落した人間だ。そう、思っていたからではないでしょうか。

「吾れ少くして賤し」の文は「故に鄙事に多能なり」と続きます。

「若い時には賤しかった、だから私は鄙事（俗事）に多能なのである」というこの述懐は謙遜か、あるいは卑下のようにも聞こえますが、実はこれこそすごい自負の言葉なのです。賤しい生い立ちだからこそ「鄙事」に多能であり得た。多能であるということ、それは儒者にとっては絶対に必要な条件なのです。

孔子は「君子は器ならず」といいます。

「器」というのは、ひとつのことしかできない狭い専門家です。君子とは「器」ではなく、さまざまなことができる多能の人です。

『尚書』（書経）の「金縢」には、周の武王が病で死にそうなときに、武王の弟、周公旦が「兄の代わりに自分の命を取ってくれ」と天に対して祈る祝詞が載っています。その中に、「自分は多才多芸で、鬼神に仕えることができる」という一文があります。鬼神、すなわち祖霊や神に仕えるには、ひとつのことに偏せず、さまざまなことができる、多才多芸である必要があるのです。

この祝詞を書いた周公は、孔子が夢にまで見た憧れの人物です。周公を目指した孔子は周公のように多能を目指したのでしょう。

「吾れ少くして賤し、故に鄙事に多能なり」という『論語』の文からは、自分は賤しかったからこそ、多能であったという賤しさに対する自負をもうかがうことができます。

孔子は出生からして恵まれていなかったし、生活も苦しかった。しかし、だからこそ何でもやった。何でもやらなければならなかった。そして多能になったのです。

孔子の一番の弟子、顔回（がんかい）を称して「しばしば空（むな）し」という句が『論語』にあります。「一箪（いったん）の食（し）、一瓢（いっぴょう）の飲（いん）、陋巷（ろうこう）に在（あ）り」と称された顔回は「しばしば空し」と描かれます。この「しばしば空し」という句は、顔回が貧乏だったと読まれますが、それだけの意味ではないでしょう。『論語』のほかのところには顔回は「愚者のようだった」とあります。

「空」とは愚者のように空虚であること、空洞であること、すなわち欠落です。「自分は偉い」と思わず、欠落した人間、空洞の人間だと自覚している人間、それが空の人です。空洞の人だからこそ、この苦しい心を何とかしたいと切に願って「礼」を身につけることができ、同じ境遇にいる人々を何とかしたいと思って「心」を使うような人、すなわち君子になれるのです。

ちなみに「空」は「孔」と古代の音を同じくします。

孔子とは、そのまま「空なる人」の意味なのです。さらにいえば顔回のように「しばしば」ではなく「常に」空しい人、それが孔子だったのかもしれません。

▼「命」ワールド

さて、「礼」や「心」を扱う前に私たちは「命」について詳しく見ていく必要があります。

「心」が誕生する前、人々は「命」に対しては、ただ従うという選択肢しかありませんでした。しかし私たちが「命」と思っているものの中には、「心」を使うことによって変えることができるものも含まれている、孔子はそうも考えました。「変えることができない『命』はそれを受け入れ、変えることのできる『命』は変えていこう」、それが孔子の態度なのです。これは「心」というものがやっと生まれた時代では、ほとんど革命的な考えだったでしょう。

しかし、「命」を変えるには、いま目の前に立ちはだかる「命」が、果たして変えられるものなのか、あるいは変えることができない「命」なのかを知る必要がありす。そこで孔子はまず「命」を正しく、そして徹底的に知る必要性があると考え、その方法を探りました。

「命」とは何かということを考えるときに、それを抽象的なものと考えずに「どうも古代には『命』ワールドなる世界があったのではないか」、そう考えた方がすっきりいきます。

「命」の世界である「命」ワールドは、基本的には優しい世界です。無限の包容力を持った母の世界にもつながる絶対安楽の世界です。運命に導かれ、道が切り開かれることがあります。しかし、それは同時に「冥」の世界でもあります。冥とは暗闇です。運命や宿命は「冥」、すなわち暗闇の中から突然現れ、有無をもいわせぬ力で私たちを翻弄する、そんな世界でもあるのです。

この一見、相反する性質を併せ持つのが「命」ワールドであり、そしてその一見相反して見えるふたつの性質は本来、同一体なのです。

空海は「生まれ生まれ生まれ生まれて生の始めに暗く、死に死に死に死んで死の終わりに冥し」と歌います。私たちは「命」の世界から生まれきて、そしてまた「命」の世界に戻っていく。しかし、「心」というものがなかった昔は、戻っていくも何も、私たちは四六時中、この命＝冥の世界に生きていたのです。それが心＝意思というものができてから、覚醒している間は心に占有され、一時的に「命＝冥」の世界から引き剝がされるようになりました。

しかし、私たちもときどき「命」ワールドに戻ることがあります。

「命」ワールドの特徴は選択ができないということです。そういう意味で、それは夢の世界に似ています。私たちは夢の中では（基本的には）選択ができません。夢の中で起こるさまざまなことによって楽しまされ、そして翻弄されます。夢の中のつらいことを何とかしようとして悪戦苦闘することもあります。しかし、完全な選択権は与えられてはいないので、大概失敗するか、うまくいって「命」ワールドから脱出する、すなわち目覚めるかです。「命」ワールドで唯一許されている選択権は、逃げるということだけです。私たちは夜になると「命」ワールドに戻るのです。

「命」ワールドを、覚醒した状態でそのまま生きているのは、たとえば赤ちゃんです。原初的な喜びや怒り、そして恐怖などはあるけれども、しかし私たち大人が感じるような悩みや不安はない。言葉や論理性を、まだ身につけていない赤ちゃんは抒情的世界に生きています。世界にあふれる自然とそのままつながる「詩」の世界に生きているのです（詩については第4章でお話しします）。

子どもを育てた経験のある人ならば、生まれたばかりの赤ん坊は、闇をむしろ好むことを知っています。赤ん坊は闇、すなわち冥に近い存在なのです。赤ん坊は決して無垢なだけの存在ではなく、一方で邪悪な存在でもある。しかし、無垢も邪悪もそこに何の区別もない、それが「命」の世界です。理知的に捉えれば暗闇の冥の世界も、その深層においては母なる世界と何ら変わることがないのです。

「命」ワールドに生きるのは、私たち人間だけではありません。動物も自然も、そしてすでにこの世にはいない祖先も、みんなが等しく住むことのできる豊潤な世界が「命」ワールドです。

「命」ワールドとは、私たちを包み込んでくれる、やわらかい母の世界でもあり、そして同時に暗闇の冥の世界でもあり、また私たちを翻弄するような運命、宿命の世界でもあり、そして同時に私たちを生かすいのちの世界でもあります。そして、それらはみんな本来は同じものなのです。

「命」ワールドの秩序である「命」、それ自体も「よい・悪い」はないニュートラルな存在です。ただ自然のままに動いている秩序そのもの、それが「命」なのです。

▼「命」を受け入れる

孔子にとっても「命」はニュートラルな存在でした。だから、ただそれを受け入れる、それが「命」に対する孔子の基本的なスタンスです。

孔子の弟子に子路（しろ）という者がいました。短気で、おっちょこちょいのところもあるけれども、武勇を誇り、直情径行、不正をいっさい許さない、やんちゃ坊主（ぼうず）のような愛すべき弟子です。しかし、その性格のために敵も多く、孔子も「子路はまっとうな死に方はできないだろう」ともらし、その言葉の通り、最後は反乱に巻き込まれて非（ひ）

業の死を遂げるのですが、それは後の話。

さて、その子路が魯国の実権を握る季孫氏に仕えていたときのことです。魯は孔子の生国です。

同じく季孫氏に仕える公伯寮という者は、子路のことを快く思っていなかった。彼は、子路のことを主人である季孫に讒言しました。そのことを漏れ聞いた魯の太夫である景伯という人が義憤して孔子の元に来て、このことを告げます。

「季孫さまは、つまらない者の讒言に心を惑わせておいでです。私の力をもって、讒言した公伯寮を広場に吊るしてしまいましょうか」

景伯は、孔子や子路思いのよい人物ですが、吊るし首とはどうも過激です。孔子は答えています。

「道が行なわれようとするのも運命だし、道が廃れようとするのも運命だ。公伯寮ごときが運命をどうこうすることができようか」

子曰わく。道の将に行なわれんとするや命なり。道の将に廃たれんとするや命なり。公伯寮、其れ命を如何（憲問38）。

道が行なわれるかどうかは、ただ「命」による。その公伯寮という者の讒言によって子路が季孫からうとまれて職を解かれ、魯の国で自分の思うところの「道」が行なわれなくても、それはただ運命、すなわち「命」である。

そのように孔子はいいます。

「命」ならば、それはそれをただ受け入れよう。これが命に対する孔子の基本的態度なのです。

▼冷厳なる「命」

しかしこれは「どうせ運命だからしかたない」という「あきらめ」や悲観的な運命論ではありません。むろん、だからといって「自分のやっていることは正しい。だから必ずうまくいく」というような甘ったれた楽観主義でもない。

もうひとつの章を見てみましょう。今度は、顔回について語っているところです。顔回は孔子のもっとも愛した弟子であり、そしてもっとも期待していた弟子です。しかし、その顔回は若くしてこの世を去ります。

顔回が亡くなって年を経たある日、魯の王であった哀公が孔子に「弟子の中で『学』をもっとも好むのは誰か」と尋ねます（この問いは他の所では季康子の問いになっている)。

孔子は答えています。

「顔回という者がおり、『学』を好んでおりました。むろん怒ることはありましたが、その怒りをその対象以外にうつすことはせず、また過ちも犯しましたが、その過ちを二度くり返すことはありませんでした。しかし『不幸短命』にして死んでしまい、いまはおりません。顔回が亡くなって以来、『学』を好むという者をまだ聞いたことがございません」

哀公問いて曰わく。弟子、孰か学を好むと為す。孔子対えて曰わく、顔回というもの有り。学を好み怒りを遷さず、過ちを弐たびせず。不幸短命にして死す。今や則ち亡し。未だ学を好む者を聞かざるなり(雍也3)。

さきに運命という意味で使われていた「命」は、ここでは、「不幸短命」という熟語の中で「いのち」という意味で使われています。「短命」という語は今でも使います。「幸」とは「長生き」が原義です。ここでいう「不幸」という語も、本来は「短命」という意味です。

不幸であることも、幸であることも、そして「いのち」の長さ、短さも「命」、すなわち運命である。

「学」においても、そして「仁」（二四四頁で説明します）においても、もっとも優れていると孔子が絶賛した顔回ほどのものでも「命」には逆らうことができない。「よいことをしていれば、絶対よいことがある」という安易な楽観主義を許さない冷厳さが「命」にはある。

しかし、それでも孔子は「命を解さないものは君子になることはできない」というほど「命」を重視していたし、「道が行なわれるのも、行なわれないのも命だ」と、その命にすべてをゆだねていたのです。

さて、『論語』の中の命についての話を続ける前に、「命」という漢字について見ておくことにしましょう。

▼「命」を発するのは上帝と王

「命」という漢字は殷代の文字の中には見当たりません。「命」から「口」を取った「令」の字があり、それを「命」という意味で使っていました。

この字は人がひざまずいて（ ）神さまからの啓示を受けている姿を表します。「命」という漢字にはこれに「口」がつきますが、「口」は神さまの啓示そのものを表します。

現代でも「命令」という熟語があるように「令」と「命」とは同じ意味で使われていました。ですから、以下特別なところ以外では「令」を「命」として話を進めます。

「命（令）」が含まれる殷代の文をいくつか見てみましょう。占いに使われた鹿の肩甲骨や亀の甲羅に彫られた甲骨文からいくつか紹介します。

①

丙寅卜賓貞今十一月帝令雨（『甲骨文合集』５６５８正）

【書き下し文】丙寅に卜して賓貞う。今十一月、帝雨ふら令むるか。

【訳文】丙寅の日に占い、貞人（卜問をする人）である賓が神意を問うた。この十一月に、帝は雨を降らせてくれるだろうか。

②

貞帝其及今十三月令雷（『甲骨文合集』14127正）

【書き下し文】貞う、帝其れ今十三月に及びて雷なら令むるか。

【訳文】神意を問うた。帝はこの十三月に及んで雷を起こしてくれるだろうか。

③

壬子卜王令雀　伐　十月（『甲骨文合集』6960）

【書き下し文】壬子に卜す。王、雀　をして　を伐た令むるか。十月

【訳文】壬子の日に占った。王は雀　に命じて　を伐たせていいだろうか。
十月

（命）

（卩＝ひざまずく人）

甲骨文の中の「命」は、「〜させる」という意味や「命令する」という意味に使われることが多いのですが、しかしその主語はほとんど省略されます。それは「命」の主語が自明のものであったからです。その自明の主語とは「帝」と「王」です。

ふつう「命」には主語はないのですが、ここでは主語のある甲骨文を探し出して掲載しました。最初のふたつの主語は「帝」で、もうひとつは「王」です。「帝」は、帝王ではなく、殷の時代の最高神である「上帝」です。神さまです。殷の時代の神々は、祖先神と各氏族のトーテムであるさまざまな動物神が中心ですが、それらを統べる最高の神が「帝」あるいは「上帝」と呼ばれる象徴神でした。

①と②では、「帝」が雨や雷などの自然現象を司る力があることが示されます。自然現象である命を司るのは「帝」、すなわち上帝なのです。

③の主語は「王」です。王が「雀[illegible]」という武将に命令して「[illegible]」という異民族を征伐させようとしています。王は確かに人間なのですが、しかし殷の時代の人々にとっての王は、象徴神である上帝の権威を現実世界に体現する神の化身だったと思われます。上帝の姿は見えない。声も聞こえない。その声なき声を聞き、姿なき姿を人間の形を借りて地上に現したのが「王」なのです。

現人神（あらひとがみ）です。

ですから、その「命」に対しては逆らうことはおろか、それに対して「よいか、悪いか」などということを考えることすらあり得ない。王の命さえあれば莞爾（かんじ）として死にすら赴く。そういう意味では王や帝の命令は、すなわち運命そのものなのです。

▼儀礼身体（ぎれいしんたい）としての跪坐（きざ）

「令（　）」の字を分解すると、上の「　」と下の「　」になります。

上の部分は「今（　）」です。これは「ふた（蓋）」をあらわします。何か大きなものによって覆（おお）われていることを示す文字です。

下の「　」はひざまずく人です。

人という漢字は甲骨文字では「　」のように書かれます。立っています。なぜこの人（　）は、わざわざひざまずいているのでしょうか。

ひとつは上帝に対する敬虔（けいけん）さを示すためでしょう。膝（ひざ）をつき、こうべを垂れることによって、上帝や運命にすべてを任せるという絶対他力（たりき）の姿勢、それが跪坐です。

（令）

（今）

（人）

もうひとつは「儀礼身体(ぎれいしんたい)」としての跪坐です。「儀礼身体」とは神さまや祖霊に仕えるための特別な身体技法を可能にするからだをいいます。神や祖霊に仕えるには日常のからだではダメです。特別の声や特別の身体技法を可能にする「儀礼身体」が必要なのです。跪坐や正座は、その姿勢によって踵(かかと)と骨盤底(こつばんてい)とが意識され、呼吸も意識も下にさがります。

その姿勢は神事の声を可能にします。神事の声とは、神さまに祈りを届けたり、何かを訴えたりするときの声です。現代では、能の謡(うたい)や読経(どきょう)、あるいは祝詞などの中にその声が残っています。

「歌(か)」という漢字の音は、禅僧が「喝(かつ)!」というときの音とも同じで、言語以前の言語です。それを、音楽と言語との狭間(はざま)に位置する「啊(あ)」である、とするのは古代学を確立した詩人の聞一多(ぶんいった)ですし、『心の先史時代』のスティーヴン・ミズンも、『歌うネアンデルタール』(早川書房)の中で、心を持たないネアンデルタール人も、そのような音楽言語を使用していたのではないか、という仮説を出しています。日本の『古今和歌集』の仮名序(かなじょ)でも、「うた」とは鬼神や人の心を打つと書かれています。ちなみに「打(う)つ」とは「訴(うった)う」と同源だともいわれています。

神に訴えるための「心」以前の声、「命」の声が「歌」であり「うた」なのです。

それは体の深奥からの呼吸によって引き出される声であり、そのような声を出すには、肺を包む肋骨周辺の筋肉や横隔膜、腹横筋だけでなく、骨盤底にある筋肉群やさらには足裏の筋膜をも使うような全身呼吸が必要となります。荘子が「真人の呼吸は踵でする」といった、そんな呼吸です。

上帝を前にして敬虔な気持ちになり、そして上帝にすべてを任せる姿、それが「　」であり、そして上帝に対して訴える声を出すための姿勢、それも「　」なのです。

このような跪坐する姿勢を取る漢字はいくつもあります。たとえば「（敬）」、「（祝）」、「（鬼）」などです。

「（敬）」は、殷の時代に、よく生贄として神に捧げられた「羌族」の人が跪く姿です。羌族の人を犠牲に捧げて上帝に祈る字だといわれています。現代の「敬」の字のもとの字ですが、殷代の甲骨文ではまだ「口」も「攴（鞭を持つ手）」もなく、ただ、跪くだけの姿で敬虔さがあらわされていますが、周代の金文では「口」も「攴

（敬）　（祝）　（鬼）

（鞭を持つ手）」もついた文字になります（〓）。

「〓（祝）＝〓（兄）」は、跪く人が頭の上に口（〓）を載せているという不思議な文字です。甲骨文で「口」が出てくるときには人間の口であることは稀です。神からの命、それが「口」で表されます。白川静氏は上の「口」を「サイ」と読んで祝禱を収める器だとします。そのような「口」を頭の上に載せたこの形は、「祝」の元の字です。祝とは巫祝、すなわち神に仕える人を示します。

また跪坐する人が仮面をつけた文字もあります。それが「〓」です。現代の漢字では「鬼」になります。「鬼」とは「おに」ではありません。古代は先祖の霊を意味しました。

能もむろんそうですが、世界中の神聖舞踏においては神霊に扮するときには仮面をつけます。しかし面は、ただの扮装のための道具ではありません。能で面をつけるシテ方の役者は、よく「面に舞わされる」といいます。本人の意志を超えて、舞を舞わせてしまう力が面にはあるのです。

能には「鏡の間」という特別な楽屋があります。そこには大きな鏡が据えられていて、神霊に扮する者はここで面をつける。能では「面」は「おもて」と呼ばれます。この面こそが「おもて」の顔で、人間の顔が裏の顔になるからでしょうか。面をつけた顔をじっと見続けると、ふだんの自分の顔を忘れ、自分の日常の意識を忘れ、面、すなわち神霊に変容する。そしてそのまま舞台に出る。むろん芸能である能には、憑依（ひょうい）や脱魂を避けるための技法が用意されているために、役者が精神の変調を来（きた）すことはありません。しかし、古代の神聖舞踏においては舞人の精神の飛翔（ひしょう）による憑依や脱魂が求められたに違いありません。

そんな異次元の精神状態になって舞い狂うさまを表した漢字が「異（𢌿）」です。面をつけて手足を開いて舞うさまを表しています。

火を頭に載せた形もあります。

「光」です。これは本来は神のものであった火を司ることを許された人でしょうか。火を頭に載せた神人の神話があったのだろうかと想像をしてしまうような文字です。

食器（皀）を前に跪く漢字群があります。

（敬）　（兄）　（口）

（異）　（光）　（皀＝食器）

跪く二人が食器に向かう姿をあらわした漢字（）は「郷（饗）」です。饗宴の饗ですが、これも現代の宴会だと思うとちょっと違ってしまいます。日本のお祭りでも、お祭りが終わった後にする宴会、直会は重視されています。直会は、神事が終わったあとの打ち上げのように誤解されていますが、本来は直会までが神事です。キリスト教でも、パンとワインという聖体をいただく聖体拝領や聖餐の儀式があります。それと同じく神さまと人とがいっしょに飲み食いをする、共飲共食儀礼、それが直会であり、「郷（饗）」なのです。神事に参加したもの一同でお神酒を戴き、神饌を戴くことによって、神さまとも、そして共同体の成員全員とも一体化する重要な儀式なのです。

古代の通過儀礼は、この饗宴の前と後で人格が変容するように構成されていることが漢代の五経のひとつである『儀礼』などを読むとわかります。

だからこそ人はひざまずき、そして食事に向かって跪く「＝即（聖餐の前＝変容前）」と、口が食事の反対側を向く「＝既（聖餐の後＝変容後）」というふたつの漢字が生まれたのでしょう。

このほかにも「呪」、「御」、「承＝丞」など神事に関するさまざまな漢字で人はひざまずきます。

▼「命」は変えることができる

帝命のもとに跪き、無条件に従うのが殷の人々の「命」に対する態度でしたが、孔子はただ「命」に従うだけではありませんでした。

孔子はいいます。

「生まれつき（性）では人はみな似通っている。が、習慣によって違いが生まれる」

子曰わく、性は相い近し。習えば相い遠し（陽貨2）。

あるいは「教育による違いはあるが、生まれつきによる違いはない」ともいいます。

（郷・饗）　（即）　（既）

子曰わく、教えありて類なし（衛霊公39）。

四書のひとつ『中庸』には「天の命ずる、これを性という」とあります。私たちの性格や才能も天の「命」です。でも、その命は学習や習慣によって変えることができる、そう孔子は考えました。

殷の時代、人は運命にただ従っていました。しかし、周の時代になり、心を生み出した人々は運命を変え得る可能性に目覚めたのです。

「心」は孔子の活躍する、ほんの五〇〇年ほど前に生まれたばかりの新しい概念です。心が生まれたといっても、人々はまだそれをうまく使うことができなかった。孔子はその心の可能性と使い方とを人々に示した最初の人でした。

孔子と心に関しては第6章で詳しく扱うことにしますので、しばらくお待ちください。

さて、「命」に対して孔子はふたつの態度を取りました。

ひとつは変えられない「命」には従順に従うという態度、そして変えることができる「命」は心を使うことによって、それを変えようとする態度です。

となればここで知りたいのは、どの「命」が変えられる命で、どの「命」が変えられない命なのかということです。それを「知る力」を身につけるわざ、それが「学」なのです。

次章以降では『論語』における「学」について見ていくことにしましょう。

第3章　孔子学団に入門する——「学」とは何か

▼本質を学ぶ

前章で「命（めい）」と、それを知るための「学」の重要性を述べました。本章からは、いよいよ「学」そのものについて見ていくことにしましょう。

「学（學）」は現代の学ぶというイメージとは違うということを序章で書きました。

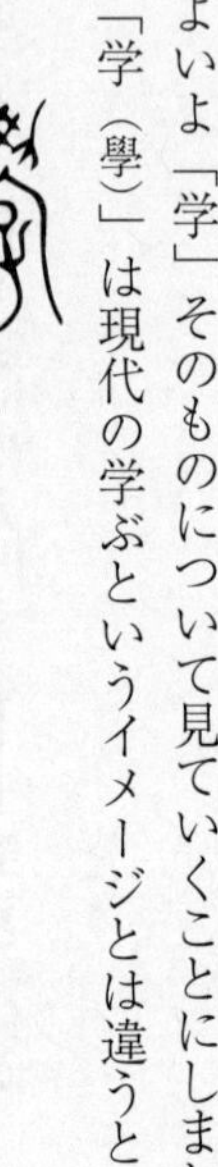

「学」とは身体による学びであり、そしてマネをすることがその学びの中心です。また、「斅（こう）」や「教（きょう）」という漢字には、鞭（むち）を持つ手を表す「攴（ぼく）」や「攵（ぼく）」が含まれているように、それが非常に過酷なものであったことがうかがわれます。

それだけではなく孔子の「学」は、その期間もかなり長かったのではないかと思います。

孔子は十五歳で「学」に志したとあります。「志学（しがく）」の次の境地は三十の「而立（じりつ）」です。荻生徂徠（おぎゅうそらい）は、この立つは「学問の成る」ことだといい、伊藤仁斎（いとうじんさい）は学問によって自分の立脚点がゆるがないようになる状態だといいます。どちらにしろ学の修行は十五年間です。

当時の三十は今でいえば四十前後でしょう。孔子が「志学」を卒業して「而立」にいたるのは四十を過ぎてからなのです。

そんなに長い間、ただ学問をしているなんて、よほど恵まれた境遇にいるか、あるいはただの自立できない奴だ、と現代ならばなります。しかし、孔子は「自分は若いころ貧しかったから、いろいろなことができるのだ」といっています。安穏と学問に専念しているなんて暇はなかったはず。

となると孔子の「学」は机上の学問ではなく、日常の生活や仕事にも全身全霊を込めてぶつかっていきながら何かを発見する、事上磨錬としての「学」であったのでしょう。

そして「命」は、そのような学によってのみ知ることができるものなのです。

「命」は、運命や天命のような「命」ワールドの仕組みだけでなく、世の中の制度や仕組み、政治や経済などの社会システム、あるいは生物学や物理学、さらには医学や生理学などもそこに含まれていました。あらゆるものに流れている原理を知ること、それが「命」を学ぶことです。

「命」を現代的な用語でいえば「秩序」を学ぶことだということができます。その中には「電車に乗るときには降りる人が先」などの世俗的なマニュアルや、「早起きは三文の得」などという処世訓のようなものも含まれますが、そういった枝葉末節を学ぶことは孔子学団の主たる目的ではありませんでした。

「君子（くんし）は本（もと）を務（つと）む」と『論語』にあるように、根本を学ぶことが孔子学団の「学」の方法でした。しかし同時に、学んだそれが社会に役に立たないようでは、これまた意味がない。形而上（けいじじょう）のコトである本質の獲得を目標としながらも、それがしっかりと実用の学にもなり得る。それが孔子学団の学びです。

それを三十歳（現代でいえば四十歳）までする。三十歳といえば当時は人生の真ん中あたりです。人生の中ごろまでは、自分なりの考えや個性なんてことを考えるのはまだまだ早い。日常生活をしっかりと送ることができ、そしてそこに隠れている「命」を学ぶことが肝要だと孔子は考えました。

ルドルフ・シュタイナーも、三十五歳まではひたすら修行を積む時期だと語っておりました（七十歳を寿命とした場合）。天職や天命などはこの時期にはわからない。この時期までは、自分探しやスピリチュアルなことなんて考えてはいけないのです。

▼秘儀の行法としての「学」

孔子学団の目標は、当時としてはかなり奇抜なものであったであろうと思われます。なんといっても新興の思想である「心」を使いこなすことを目標とするのですから、当時の人にとっては、ほとんど理解不能な一団です。

むろん「礼（禮）」のような古来から伝わる徳目も大切にする。しかし、それも新たな視点で見直し、さらには「仁」や「信」などのような心を使うまったく新しい徳目をも創造した。旧約聖書に依拠しながらも、新しい宗教を創造したイエスのようです。

「新しいぶどう酒は、新しい革袋に入れるものだ」とイエスがいうように、新しい徳目や新興概念である「心」を入れるのに必要なものは新しい頭だけではなく、新しい革袋、すなわち新たな身体も必要です。そして、そんな身体の修得には修行が不可欠なのです。

修行という意味で、孔子学団における「学」は、現代の学校での勉強よりは、能や武道などの「稽古（けいこ）」に近いでしょう。

稽古は練習ではありません。稽古は厳しい。そして十年、二十年という長い時間がかかる。その間に得られる成果はほとんどない。むろんスポーツなどの練習も厳しい。しかし、スポーツをはじめて十年、二十年、練習試合にも出してもらえず、ただただ練習といったらほぼ全員が辞めてしまうでしょう。しかし、それが求められるのが稽古です。そして、過酷な修行の果てには、その過程を通過した者だけが理会し得る秘事が伝えられる。稽古とは秘儀を獲得するための行法なのです。

「学」は、そんな「秘儀の行法」に近いものであったと考えた方がよい。

しかし、秘儀といっても、いわゆる神秘主義とは違います。孔子は「怪・力・乱・神」は語らずといって神秘主義は排除するという基本姿勢を取っています。奇蹟も説かない。

とはいえ、「私は禱るという行為は、ずっとやっていた」（丘の禱ること久し）というように祈禱は彼の日常の中に入っていたし、祖霊を祀るときには、まるで祖霊がそこにいるかのように祀ったといいます。現代からみると神秘主義的なところもありますが、しかし、それはあくまでも極めて現実的な、人間の営みそのものに根ざした、地に足がついた秘儀でした。そこはくれぐれも間違えないように。

何度もいうように、その秘儀の行法は、最終的には「心」を適切に使うことができるようになるためのものです。当時としてはまったく新しい能力であった「心」の行法こそ、孔子学団における最高の秘儀でした。そして、その秘儀を学ぶにはまず

「命」を知るための「学」、すなわち「前・心」段階の秘儀の行法を修める必要があるのです。

本章と次章ではこの「前・心」段階の秘儀の行法、すなわち「学」の行法について見ていきます。「学」の行法には三つの段階があります。

Ⅰ　「前・学」の段階＝「行動：孝弟（悌）と信愛（仁）」
Ⅱ　世界の秩序を学ぶ段階＝「詩書と執礼」
Ⅲ　秩序化の過程を学ぶ段階＝「広義の礼（禮）」

本章では、Ⅰ「前・学」の段階＝「行動：孝弟（悌）と信愛（仁）」についてお話しし、Ⅱ以降は次章で扱います。

「前・学」の段階は「学」に志す以前の段階です。能でも「入門」が許されるまでには数年の「前・入門」としての修行が必要です。内弟子と呼ばれる制度です。内弟子に入ると、稽古より何より、まずは掃除・洗濯が課せられます。ただひたすら掃除や洗濯をする。この生活の中で弟子たちは「学」に入るための基本的な態度や身体技法を学ぶのです。「学」をするための身体と精神を作っていく過程、それが「前・学」

の段階です。

孔子学団で課せられるのは、まずは行動することの習慣化です。頭で考えるよりも行動をする、それも孝弟（悌）と信愛（仁）、それをベースとして行動する、それが「前・学」の段階で求められることなのです。

では、具体的にどのようにするのかを『論語』から見ていきましょう。

▼「前・学」の段階の行法

ちょっと余談を。

能の稽古を始めたころ「素人（しろうと）と玄人（くろうと）の違いを知っているか」と先輩に問われたことがあります。

先輩いわく、「素人は一〇〇パーセントを目指し、玄人は一〇〇パーセントから始まる」と。

たとえばピアノでいえばショパンでもリストでも、楽譜を見れば、まあまあ弾けてしまう状態、それが一〇〇パーセントです。素人が目指すのはそこだというのです。でも、玄人の稽古はそこから始まる。指が速く動くとか、強弱の符号通りに弾けるだけでは全然話にならないのです。

　さらに、そこまでは自力で行かなければならないといわれました。一〇〇パーセントに至ったあとでなければ、それ以降の修行は始まりすらしないというのです。めちゃくちゃな話です。

　入門が許されたときには、基本的なことはすべてマスターしている。それが本来の入門なのです。

　じゃあ、それまではどうするのか。

　盗むのです。

　若い頃、ある落語家のお宅にお世話になったことがあります。落語の世界でも「芸は盗め」といわれていました。高座にいる師匠の背中を舞台の袖からじっと見てその芸を盗む。一から教えてくれるカリキュラムなんてない。全身をスポンジのようにして、師匠の発するあらゆるものを吸収する。それによって一〇〇パーセントを自分で作り上げていく。それが前・入門段階であり、孔子学団でいえば「前・学」の段階なのです。

　さあ、では「前・学」の段階の修行について、孔子がどう語っているかを見てみましょう。

「弟子となった君たちに指針を与えよう。家の中では孝行をせよ。家を出たらば弟（従順）にせよ。言葉は謹み、しかしいったことは必ず実現させせよ。多くの人に気を配り『仁（人間関係）』に親しむようにせよ。上記のことを行なうのが先決だ。これらを行ない得て、さらに余力があったら、それからはじめて詩や礼を学ぶ意味が出てくる」

子曰わく、弟子入りては則ち孝、出でては則ち弟、謹しみて信あり、汎く衆を愛して仁に親しみ、行いて余力あれば、則ち以て文を学ぶ（学而6）。

学に志したものに何よりもまず示されたのは「行動」の重要さです。行動がしっかりできて、そして余力があれば「文を学べ」と孔子はいいます。

では、どのような行動をするのか。この文の中で孔子は三種類の行動を示しています。

（1）孝弟（意志と従順さ）

家の中では孝行をせよ。家を出たらば弟（従順）にせよ。

（２）謹信（言葉）
言葉は謹み、しかしいったことは必ず実現させよ。
（３）愛仁（人間関係）
多くの人に気を配り「仁（人間関係）」に親しむようにせよ。

この三種類の行動に別段目新しいことはないように見えます。しかし、この文章はなかなか多くの問題をはらんでいます。

孔子時代にはなかった文字が多いのです。それも（２）の「謹」・「信」、（３）の「愛」・「仁」と、儒教では基本の徳目とされているものを表す文字が、孔子が生きていた時代にはなかった。これは驚きです。

が、その問題は後で見ることにして、まずは行動そのものについてどうすべきかを孔子のほかの言葉から考えてみましょう。

▼行動は敏に

学に志したものは、何よりもまず行動をすることが大事です。書を読む前に行動せよ、それが孔子の教えです。

そして、その行動について孔子は「敏であれ」といいます。

子曰わく、君子は言に訥にして、行に敏ならんと欲す（里仁24）。

「敏」とは敏捷ということですが、ただ速いだけではダメです。「敏」という漢字は古くは次のように書かれていました。

左側の「毎（）」は、盛装して神事に奉仕する女性の姿の象形です。ひざまずく人（）が腕を前に組んだ姿が「女（）」です。さらに髪飾りをつけた形が「毎（）」です。「敏」は、さらにそれに手が加わった姿です。白川静氏はこの字から「敏捷とは祭事に奔走することをいう」とします。ただ速いだけでなく、祭事に与るときのような「丁寧さ」で行なう、それが敏なのです。

能でもまさにこの「敏」が求められます。

能装束の着付けは、ふつうの着物のそれに比べればかなり大変です。着るものも多いし、幾何学的に美しくつけなければならない。しかも使う紐は一本か二本。それで舞台上で飛び回っても着崩れないようにちゃんとつける。着付けにかける時間はさぞ長いだろうと思われるのですが、実際にかかる時間は十分から十五分ほどなのです。簡単なものならば五分ほどで終わる。着付けのときに、丁寧にしようとしてゆっくりやっていると怒鳴られます。

「ゆっくりやるなら誰でもできる。速く、きれいにやるから意味があるんだ」と。まさに「敏」です。素早く、そして丁寧に行なうのが弟子たる者の道なのです。

このことを押さえておいて、では、一つひとつの行動について見ていきましょう。

▼「孝」は最高道徳の基礎

最初の行動は「孝」と「弟」です。

　弟子入りては則ち孝、出でては則ち弟

『論語』の中で「孝」や「弟（悌）」は非常に重要な位置を与えられています。

（敏）

（毎）

（女）

「孝弟」こそが仁のもとだと、弟子でありながら「子」という尊称を許されている有子は、言いました（孝弟なる者は其れ仁の本たるか）。「孝弟」は、最高道徳である「仁」の本なのです。

特に「孝」は儒教における重要な徳のひとつに位置づけられています。後の世には「孝」の徳をうたった『孝経』が著されて、人々の精神的支柱となりました。

「孝」の金文の字体を見てみましょう。

「長髪の老人（耂）」を、「子（子）」が背負っている姿、それが「孝」です。孝とは抽象的な概念ではなく、「親を背負う」という、その身体感覚がもとになっている文字です。体を使って行なう身体的な徳目が「孝」なのです。遠くにいて親のことを思っているだけでは「孝」ではない。具体的に何かをして、はじめて「孝」になります。

だからといって生活費だけを渡して、ないがしろにしておくのも問題外です。孔子は「近ごろの孝というのは〔ただ物質的に〕十分に養うことをさしているが、犬や馬でさえみな養うということは十分ある。『敬』するのでなければどこに区別があろう」

「孝」という漢字は、子どもが老人を背負うという身体感覚に基づいた漢字である。

（今の孝は、是れ能く養なうを謂うなり。犬馬に至るまで、皆能く養なうこと有り。敬せずんば何を以て別かたん［為政7］）といっています。

そこには「敬」が不可欠です。「敬」の古い字体は前に見ました。

敏の「毎」と同じようにひざまずいて神事に奉仕する姿です。そのような敬虔な姿勢で親に対するのが「孝行」なのです。また、白川静氏はこの「敬」の字について、金文の「夙夜を敬む」を「先祖を祀る意」

（孝）

（子）

（＝老人）

だといいます。

古代の「孝」の対象には生きている親だけでなく、すでに亡くなっている祖先も含まれていたのです。

その対象が、背負うことができない祖先の場合でも、やはり抽象的ではなく身体的にそれを行なうのが「孝」です。『論語』には「自分の飲食を少なくしても、鬼神（先祖の霊や神）に対して「孝」を行なう」（飲食を菲くして、孝を鬼神に致す〔泰伯21〕）という文があります。「自分の飲食を少なくする」という身体感覚と、親を背負うという身体感覚は似ています。

また、この文の「孝」は「お供え物」と訳されることが多いのですが、「杜伯盨」という青銅器の銘文には、「先祖の霊に『享孝＝饗孝』するときに、よき朋友とともにその儀礼を行なう」というものがあり、その昔には「孝」という儀礼があったことがわかります。となると『論語』の「鬼神（先祖の霊や神）に対して『孝』を行なう」という文もそういう儀礼を行なったと読むこともできます。

また、「杜伯盨」の銘文によれば、「饗孝」儀礼によって得られるものは「長寿」と「永命」だとあるので、「饗孝」儀礼はかなり強力な儀礼だったようです。

そんな経緯があるからでしょうか、「孝」は後世、魔術的な徳目ともなります。

『猩々』という中国を舞台とする能があります。真っ赤な顔の面に真っ赤な装束。白い足袋以外は全身、赤で染められた猩々という酔っ払いの妖怪がシテの能です。

ある夜、神秘的な夢を見た高風という男が、その夢のお告げのままに市で酒舗を営む。するとどこからともなく不思議な少年が現れ、酒を買って飲むのですが、どんなに飲んでも赤くならない。不審に思った高風がその名を問うと、「潯陽の江に住む猩々だ」と名乗って海中に消えてしまう。高風は潯陽の江に赴き、酒を供えて夜もすがら猩々が現れるのを待っていると、水の中から猩々がその姿を現して舞を舞い、汲めども尽きぬ酒壺を高風に与え、高風はその後、ついには大富豪になるという能です。

彼が神秘的な夢を得たのも、また大富豪となり得たのも、彼が孝行だったからだと能の中では語られます。孝行には、人を幸福にする力があるのです。

孝行の力はさまざまな物語で伝えられています。

「孟宗竹」という語を生んだ話も孝行の魔術的な力を伝えています。

病の床に伏せる母に筍を食べさせたいと思った孟宗は、筍が冬にはないとわかっていながらも雪を掘る。孝行ですね。すると雪の下から筍がたくさん出てきて、しかもそれを母に食べさせると、母の病が完治した、という物語です。この話が含まれる『二十四孝』は、日本に渡って日本版の『本朝廿四孝』を生みます。

逆に「孝」を破壊する行為には厳罰をもって臨まれました。父母に対して不法行為をした者は、通常以上の重い罰を受けたのです。

たとえば他人を殴打した者は、四十回の笞打ちがその罰であるということが唐の時代の法律には定められていました。しかし、父母に対する場合は罪十六等が加えられます。罪十六等というのはすごい。四十回の笞打ちが、死罪、それも死罪の中でもっとも重い「斬罪」になります。

しかも、これが実際の施行においてはさらに重くなることが多く、母を笞で打った息子夫婦が、夫婦ともども皮剝ぎの刑に処せられたという事件がありました。皮剝ぎの刑というのは法文には載っていない刑罰ですが、しばしば執行されたようで、その方法が桑原隲蔵著『中国の孝道』（講談社学術文庫）に載っています。

執行役人はまず、罪人のうなじから尻にかけて鋭利な刃物で、薄く一筋の切れ目を入れます。そして、その切れ目からゆっくりと皮を剝がしていく。剝がした皮は前の方に展開していく。「前に張ること鳥の翅を展ぶるがごとし」という表現が同書にはあります。

全身の皮を剝ぎ終わるには、おおむね二日かかるそうなのですが、その間、罪人は生きている。いや、生かされています。皮剝ぎの刑が終わる前に死んでしまった場合、皮剝ぎの処刑人が死刑になるので、細心の注意と、たとえばときどき生理食塩水をかけるなどの補助的な手段が講じられていたのでしょう。

すごい。

また、これとは逆に、父母の病のときに自分の腿肉を切り取って薦めるという風習が、民間ではよく行なわれていたと同書に紹介されています。人肉は長患いを治すといわれていたからです。

これもすごい。

皮剝ぎの刑も腿切も「孝は天の経なり。地の義なり。民の行なり」という『孝経』の思想と、そして「孝」には魔術的な力があるという思想がベースにあるからです。

親孝行にはもうひとつの効用があります。孝行には私たちの意志を鍛える力があるのです。

親が子のことを思うのは自然です。それは本性であるし、種を保存しようとする本能から発しています。しかし、子が親を思うのは決して自然な状態ではありません。

自然ではないというのがいい過ぎだとしても、親が子を思う思いに勝つことはできません。

かの吉田松陰ですら「親思う心にまさる親心」と詠っています。子が親を思う心、すなわち「孝」は、吉田松陰ほどの人でも、親が子どものことを思う心に克つことはできないと嘆いているのです。ましてや凡夫の我らにおいてをや、です。

しかし、その自然な状態を超克して、自分が親から思われた以上に強く親のことを思おう、というのが「孝」であり、その努力の過程で人はその意志を鍛えているのです。意志の力が「学」にとって非常に重要であることは、私たちが経験するところです。

「前・学」の段階の行動の第一は「孝行」です。

▼「弟」とは従順なる徳

さて「孝弟」のもうひとつの「弟」は、弟子の弟であり、兄弟の弟です。しかし「孝弟」と併称されるときの「弟」は、儒教の徳目のひとつ「悌（従順さ）」と同じ意味で使われます。

「悌（従順さ）」を身につけることによって、学習者はあらゆるものを吸収する力を得ることができるのです。

「弟」は、金文では次のように書かれます。

これは、なめし皮を順序よく巻いていく形です。

「順序よく巻く」という意味で人間関係の上下の順序を正しくするという意味になったとか、「なめす」ということから柔らかさ、すなわち従順さをあらわすようになったとか諸説あります。どれが正しいというよりは、そういったイメージが複合的に重なったのが「弟」という漢字であると理解するのがいいでしょう。

というわけで「弟」の原義は「悌」、すなわち「従順な徳」です。「おとうと」という意味で使われるようになったのは後世です。

学とは「命」を修得しようとする過程です。「命」に対する態度でもっとも大切なのは、いまから自分が学ぼうとする対象に対して頭を下げる、すなわち（ひざまずく）の姿勢になる「従順さ」や「敬虔さ」です。

（弟）

何かを修得しようとするときには、あらゆる疑問を一度捨てて、まずは思いっきり従順になって、その世界にどっぷりと浸かるのがいい。語学がそのよい例です。あれこれ考えていては語学の修得はできない。恥も理論も外聞もかなぐり捨てて、柔らかい頭と体でその世界にどっぷりと浸かる、そういう態度によって語学は上達します。

これは語学だけでなく、あらゆる「学」においてそうでしょう。少なくとも学の徒、すなわち「弟子」でいる間は、批判的態度を一度横に置いて、命（めい）の姿勢のように、そのものに対して従順になれと孔子は教えます。全身、スポンジになって何でも吸収してしまうのです。

学ぶべきことは無限にあります。学ぶことが変わるたびに、新しい学習のハウツーを覚えていてはキリがありません。それよりもどんな「学び」においても基本となる、全身、スポンジになるという身体的変容をする方がずっと効果的なのです。

それが「弟」の徳です。

▼「謹（きん）」は慎重な言葉

謹にして信（しん）

「孝弟」の徳の次に弟子たちが修得すべきは「謹にして信」、すなわち「謹」と「信」です。ともに「言」を含むことでもわかるように、この二語は「言葉」に関する行為です。

まずは「謹」を見てみましょう。

「謹」とは「言葉を謹む」というのがもとの意味ですが、『論語』の中で「謹」はあまり使われません。代わりに使われるのが「慎」という語です。謹慎という言葉があるように「謹」と「慎」は同じ意味に使われます。

「謹」と「慎」は語源的にも似たような意味を持ちます。

白川静氏によれば「謹」は飢饉の「饉」に通じるそうです。言偏がつく「謹」は、飢饉による行き倒れの死体に対して、その呪霊を封ずるために祈ることを意味したといいます。言葉で祈るから言偏です。また、謹慎の「慎」の字も「行き倒れの死骸を道に埋める」ことを意味すると氏はいいます。

「謹慎」とはともに、行き倒れの死骸に対する呪術儀礼をいったのです。

ただし『論語』では、「謹」にも「慎」にも、行き倒れの死体のような意味はすでになくなっています。『論語』の中の「慎」は、重くてどっしりとしたイメージを持ちます。「慎」の右側の「真」に金を付けると「鎮」になる。「文鎮」とか「鎮める」とかいう語があります。呪術儀礼である「鎮魂」という語に原初のイメージが幽かに残っています。

「謹」には言偏がついていて言葉と関係があることは明らかですが、言偏がついていない「慎」も『論語』の中では言葉に対する徳目としてよく使われます。

「事に敏にして、言に慎しみ」（学而14）という句があります。これは「君子は言に訥にして、行に敏ならんと欲す」（里仁24）という句と語句の言い換えの句です。「言に慎しみ」は「言に訥（訥弁）」と同じ意味です。訥弁の「訥」という漢字の右側には「内」という字が入っています。「内」とは、閉じてある門をググと力を込めて開けて中に入るイメージを持つ漢字です。

噴出しようとするエネルギーが抑えつけられる。その抑圧を内側からじっくりと押し返すようにして訥々と語る。それが君子の語り方です。噴出しようとするエネルギーを蓄えたまま語るには、その語り方、しゃべり方は抑制されたものである必要があります。

孔子はまた雄弁な語り手よりも訥弁な語り手の方が、より相手を説得することができるということも知っていたのでしょう。二人が向かい合った場合、訥弁の人の方が優位に立つということは心理学でもいわれています。

君子は言に訥である方が、より信頼されやすいのです。

ここは「前・学」段階の話です。何かを滔々と語るのは、まだまだ早い。身体で学んだことを、いまはじっくりと熟成する段階です。そんな時期の言葉は「謹」、すなわち「慎重」でなければならない。

▼「信」がなければ疑いもない

「謹而信」とあるように「謹」に続く言葉の行動は「信」です。

「信」は『論語』の中に四十回近く現れます。やはり儒教ではとても重視される徳目です。孔子が「人として『信』がなければ、そりゃあダメだ」（人にして信なくんば、其の可なることを知らざるなり〔為政22〕）というように、「信」は人間の基礎となる徳目です。しかし、孔子時代の遺物の中からは「信」の字はまだ見つかっていません。孔子の次世代の戦国時代の金文に至って、やっと「信」の字が現れます。

となると孔子は「信」という語は使わず、何か違う語を使って「信」を表現していた可能性が高いということになります。しかし、じゃあどんな漢字を使っていたかというと、これがよくわからない。

「心」もそうであったように、「信」という文字がなかったということは「信じる」ということもなかった可能性もあります。「信じる」ということがない世界というのを想像できますか。実はこれはそんなに驚くことではないのです。日本には、もともと「信じる」はなかったと思われます。だから中国から入ってきた「信」という漢字にそのままサ変動詞（〜ず）をつけて、「信ず」→「信じる」という語ですませています。

「信」がなければ信仰もない。じゃあ、日本人は神さまを信じなかったのかというと、ある意味ではそうであり、ある意味ではそうでない。「信」とは、いまここに存在しない抽象的な存在を信じることです。日本の神さまは具体的存在として、そこにいたわけですから信じるも信じないもないのです。

そして信がなければ疑いもない。

能『羽衣（はごろも）』で、天女（てんにょ）の羽衣を拾った漁師、伯龍（はくりょう）は「衣を返す代わりに舞を舞ってくれ」と天女に頼みます。天女は「舞は舞いましょう。でも羽衣がなければ舞えません。ですからまずは羽衣を返してください」と頼む。伯龍は「この衣を返したなら、舞を舞わずにそのまま天に帰ってしまうだろう」という。それをうけて天女がいます。

「いや、疑いは人間にあり。天にいつわり、なきものを」

天には「疑い」とか「いつわり」とかいうものがないのです。だから漁師が何をいっているのかがわからない。『夕鶴(ゆうづる)』のつうと同じです。「信」じることによって、はじめて天の存在を感じることができる人間と違って、天そのものに住んでいる天女にとって「信」も「疑い」も、ともに存在しないのです。

▼「信」とは人に宿った神の言葉

「信」という文字は孔子時代にはなかった。でも、孔子の時代には「信じる」という心的作用はたぶん芽生え始めていたのではないかと思われます。ただ、それは現代の私たちが考える「信じる」とはずいぶん違っていました。

じゃあ、昔の「信」とは何だったのか。これはひとことではいえません。そこで「信」をさまざまな方面から眺めながら、みなさんに「信」についての多面的なイメージを持っていただき、「じゃあ、『信』とは一体何なのか」ということに関しては、みなさんのご判断に任せたいと思います。

・信の性質①……人に宿った神の言葉

さて、まず『論語』の中では「信」は「言」と並べて使われることが多い。

たとえば「朋友と交わるに、言いて信あらば」（学而7）云々などです。

これは例を挙げればたくさんあります。「信」は「言」のための徳である。これは確かです。古代の「言」について「言語は本来呪的な性格をもつものであり、言を神に供えて、その応答のあることを音という」と、白川静氏はいいます。神の「音なひ」を待つ行為が、殷の時代の「言」だったのです。

「事に敏にして、言に慎しみ」という句を前に紹介しましたが、「事に敏」とは神さまに仕えるような態度で事にあたることだということはすでに書きました。「言に慎しむ」というのも、もとは神に呪言を供えるときのことをいったのでしょう。

「言」の古い字体を見てみます。甲骨や金文はこれです。

「辛」と「口」からなっています。ならば「辛」という音が「信」になったのかとも考えられますが、どうも古代音では「辛」と「信」はだいぶ違っていたようです。

では何が近いのか。

古代音の「信」に近いのは「申（）」です。雷や稲光を表し「神」という文字の初文（文字の初形）です。「信」も「言」と同じく神さまと関係があったようです。

ただし「言」と「信」には大きな違いがあります。

「言」が神さまに対して供する呪術の言葉なのに対して、神と同じ音を持つ「信」は「神そのものの言葉」でした。

周の時代になって信仰の対象が「帝」から「天」に移ったとき、人の中に神が宿ることになりました。ならば「信」とは、人に宿った神の言葉をいうのでしょう。

占いや祭礼などによって神憑りして、はじめて神の言葉を聞くことができた時代が終わり、自分の中から神的な言葉を捜して発する時代が訪れて、生まれたコトバが「信」なのかもしれません。

自分の中の神の言葉とは、すなわち体内神の言葉です。体内神といってもオカルト的な自分の中の神ではなく、「君子はこれを己に求む。小人はこれを人に求む」（衛霊公21）という意味の己に求められる体内神です。

（言）　（申）

孔子は「思」という瞑想の習慣を薦めます。「思」については最終章で述べますが、その「思」という深い瞑想によって初めて知り得る根源的な「自己」が体内神です。人に頼らず、神にも頼らず、己にのみ頼る。その強い意志に裏打ちされてはじめて見出すことができるもの。それが体内神です。

・信の性質②……自分の真ん中にいる神の言葉

「忠信」というように信は忠とも併用されることがよくあります。「忠」とは「中」+「心」、すなわち自分の心の真ん中を貫くことです。心の真ん中にいるのが自分の中の神、すなわち「天」です。自分の真ん中から発した言葉、それが「信」です。

言葉に気をつけようと思っていても、思わずどうでもいいことを言ってしまう。人の悪口やゴシップを話題に上げることもある。そんなことを言った後は空しい。「ものいえば唇寒し秋の風」です。それはむろん「信」ではない。「朋友と交わるに、言いて信あらば」というときの朋友は、ただの友ではなく、ともに儀礼に奉仕する友です。その朋友との言ならば、「信」、すなわち天の言葉、神の言葉である必要があるのは当然です。

・信の性質③……言葉を現実化する力

中国古代の字書『爾雅(じが)』には「誠とは信である」とあります。信は誠でもあります。「誠」という漢字は言偏と「成」からなっています。「成」は成就(じょうじゅ)の成です。言ったことが実現すること、友だちと約束したことを実現させること、それが「誠」であり「信」です。それが他人と共有されたとき、そこに信頼が生まれ、信用されるようになります。

・信の性質④……雄弁に語る力

「信」＝「申」であり、「申」＝「神」と書きましたが、「申」はまた「伸」でもあります。「信」には「伸びる」という意味もあります。『孟子(もうし)』などでは指が「信(の)」びるという使い方をしていますし、今の屈伸は古くは「詘信(くつしん)」と書かれました。「詘（屈）」の方に言偏がついているように、「言＋出」とはもともとは語の滞る意味で、それに対して「信」は語が滞らずに出るという意味もあります。「謹」では訥弁、そして「信」では雄弁に語るのです。

・信の性質⑤……未来を語り、現実化する力

「信」=「伸」には伸展という意味もあります。伸展は、空間的なものだけでなく、言葉とつながったとき、それは時間的な伸展にもなります。すなわち未来を語るようになるのです。いまここに存在しない未来を語り、さらにそれを現実化する、それも「信」の性質です。

・信の性質⑥……雑談、記憶される言葉

「信」には未来を語る力があります。未来を語るようになれば同時に時間も生まれ、過去も語られるようになる。そして言葉による記憶が生まれます。

前人類であるネアンデルタール人も言葉を話していたのではないかといわれています。敵が来たことを知らせる警告の合図をはじめ、さまざまな信号を仲間に伝えるための言語は持っていた。ただ、どうも彼らには雑談がなかったらしい。いま、この場には関係ない他人の話をするとか、未来の夢を語るとか、そういうことはしなかった。

そして、この雑談こそ、我らホモサピエンスが獲得した「新たなる言葉」なのです。「記憶される言葉」です。場所や時間を超えることを話すための言葉は、記憶される言葉でなければなりません。雑談も「信」なのです。

さて、「信」についてさまざまな方面からアプローチしてきました。

信とは体内神の声であり、また時間を生み出し、記憶される言葉です。自分の中の神をも裏切らないような誠実な物言いをし、そして一度発した言葉や約束は必ず実現する。そんな言葉を発すること、それが「信」なのです。

「前・学」段階での言葉の行動、それは慎重に語る「謹」と、そして誠実に語る「信」、そのふたつです。

▼「愛」とは常に気にかけること

「信」でだいぶ寄り道をしました。さあ、では次にいきましょう。

汎く衆を愛し仁に親しめ

行動の三番目は「愛」と「仁」です。「汎く衆を愛し仁に親しめ」と孔子はいいます。孔子の言葉の中には「愛」と「仁」という二つの徳が現れますが、この二つは密接に関連します。

弟子の樊遅から「仁」とは何かと問われた孔子は「仁とは人を愛することだ（愛人）」（顔淵22）と答えます。仁とは愛なのです。

新約聖書「コリントの信徒への手紙一」の中にある「愛の賛歌」はとても美しい。それと同じ形式で歌われるジョン・レノンの「ＬＯＶＥ」も同じく美しい。しかし、中国や日本の古典に現れる「愛」は「ＬＯＶＥ」とはまったく別物であり、現代的な用法での愛と古典の「愛」を混同してはいけません。

『孟子』の中では「愛」を「おしむ」と訓じてケチンボのような使い方をしているところもあるし、『論語』の中で犠牲の羊をやめようとする子貢に対して孔子は「お前はその羊を愛しむが、私はその礼を愛しむ」（女は其の羊を愛しむ。我は其の礼を愛しむ〔八佾17〕）といいます。ここでも「愛」は、もったいないと思う感情で、ケチンボに似ています。

仏教でも「愛」というのは愛著という熟語で使われるように煩悩のひとつです。

現代のような愛の使われ方はキリスト教的な「ＬＯＶＥ」を愛と訳したところから始まりました。明治より前の日本人は「これは愛か恋か」なんて悩まなかったのです。ちなみにキリシタン版の『日葡辞書』では、キリスト教の愛も「ご大切」と訳されていました。

さて、孔子の時代にはなかった「愛」ですが、その少し後の戦国時代の金文には現れます。

いまの「愛」には全然似ていない。でも、中国最古の字書である『説文解字』所収の「𢛳（）」にはちょっと似ているでしょう。

これを現代的な字形に直せば「㤅」となります。上の「旡（き）」は後ろ向きの足です。これは後ろを顧みて立つ人の形に「心」を加えたもので「後顧」の意を示すというのは白川静氏です。思わず振り返ってしまうという動作、それが愛なのです。

『万葉集』には「思わず振り返ってしまう（振りさけ見る）」という歌がいくつかあります。そこにあるのは月や山が多いのですが、思わずそうしてしまう「時」にも共通点があります。死か恋の時です。誰かが死んだり、誰かを好きになったり、失恋したりすると、人は思わず振り返ってしまう。

白川説に従えば、「愛」とはそんな身体的な動作なのです。

（愛） 　（愛）

加藤常賢氏や赤塚忠氏は「旡」の音である「キ」から「饋」=「贈る」が愛の原義だといいます。「饋」という文字の左側の「食」で明らかなように、食事を贈るというのが元の意味です。愛に飢えるなんていう表現もありますが、愛には飢餓感がつきまといます。キリスト教のLOVEの元になったギリシャ語の「アガペー」には初期キリスト教徒が「ともにする食事（愛餐）」という意味がありました。

加藤、赤塚説でも「愛」とは、もともとは「心」とは関係のない身体的な行為、すなわち「命」の漢字グループのひとつである直会、饗宴です。

後ろを振り返るという身体的な動作も、食事を贈るという行為も、とても原初的な欲求に基づいた行為です。そんな原初的欲求に新生の「心」がついたのが、いま私たちが使う「愛」なのです。

また、愛は曖昧の「曖」でもあります。「アイ」という音は「曖（かげる）」・「靉（雲が多いさま）」という語を生みますし、「隠」や「鬱」も同系の音です。曖昧模糊としてもどかしく、そして鬱々とした不安定な心の状態も「愛」なのです。

「愛」とは、ただ気になるのではなく、気になって、気になって、心が晴れない状態をいいます。常に気にかけることではなく、常に気にかかってしまうこと、それが愛です。

後ろ髪を引かれること、気になってしまうこと、贈りものをすること、飢餓感、そして鬱々としてしまうこと、そんなさまざまなイメージを含んだ語が「愛」という漢字です。

そして、愛というのが「前・学」段階の修行における「行動」だということをもう一度思い出しましょう。

「衆を愛す」というのは、世にいる人たちをただ気にかけるだけでなく、お腹をすかせている人がいれば食事を贈り、困っている人には自分の持っているものを分け与え、そして自らそのような人たちの声を聞くために奔走する、そんな行為としての「愛」が、「前・学」の段階の修行として孔子が弟子たちに求めている「愛」なのです。

また、愛を「学」に引き寄せて考えると、「衆を愛す」とは博物学的な学問のすすめと読むこともできます。孔子が「君子は器ならず」といったことは何度か引用しました。ひとつのことにこだわらず何にでも興味を持ち、何でも学ぶ。「衆を愛す」にはそのような博物学的知識を獲得することのすすめと読むこともできます。

鬼神に仕えるには多能多才でなければいけないということを述べました。魏の劉邵が撰した『人物志』にも、国を任せることのできる人は「一流の人（ひとつのことの専門家）」でなく、「諸流の人（何でもできる人）」である必要があるとあります。多能多才は君子の必要条件です。

まずは、書店の棚から興味のない分野をなくそう、そのように決めて書店に行くだけでも何かが違ってきます。

▼「仁」とは人を愛すること

「衆を愛す」の次には「仁に親しむ」とあります。

弟子の樊遅に「仁とは人を愛することだ」といった孔子の言葉を前に紹介しましたが、この「人を愛する」で大切なのは「人」の方です。人を愛するとは、人を「愛する」のではなく、「人」を愛することなのです。

やや時代が下って孟子になると「愛」と「仁」の関係がもう少し明確になります。孟子がいうには、君子は物に対しては「愛」の感情を持つが、しかしそこに「仁」の感情を持つことはない。「仁」の感情は民（人）に対してのみ持つものだというのです。

人も物もすべてをふくんだものに対する感情が「愛」であるのに対して、人に対してのみ持つ感情が「仁」なのです。

人を愛することはとても難しい。それは人の感情が変化するからです。

物に対する愛（気になる感情）も、むろん変化します。大好きだったおもちゃに子どもが飽きて見向きもしなくなるように、飽きて、そのものに対する愛がなくなってしまうということはあります。

しかし、人間に対する愛は複雑です。「憎しみ」に変わることがあるからです。

孔子は「相手を愛しているときには生きていて欲しいと欲し、憎むようになるとその死を望む。同じ相手を生きていて欲しいかと思うと、次には死を望む。これが惑うということだ」（顔淵10）といいます。愛していると思っていた相手が浮気をした瞬間に、愛が憎しみに変わる。愛していた子どもが親を裏切った瞬間に、愛が憎しみに変わる。

愛とは、そのように一八〇度反転してしまい得る感情なのです。

また孔子のいうように衆を愛せば、「愛した人」は必ずといっていいほど憎まれます。憎まれるのは愛された人ではなく、「愛した人」です。食事を与えたり、金銭や物品を与えたり、そんな風に与えた人は必ずといっていいほど憎まれる。ボランティアは疎（うと）まれる、これは法則です。

人は何かをしてもらうと最初は「ありがたい」と思います。しかし、それが続くと、その感情は「当たり前」に変わる。「当たり前」は、やがて「もっと」に変わるのですが、その「もっと」は人間の欲望がベースにあるために無限に広がります。そんな無限な欲望には、どんな人も応じることができなくなる。するとそれは「あの人は最初は優しかったけれども、だんだん冷たくなっていった」という憎しみに変わるのです。よい、悪いではありません。人の心の自然です。

せっかく「愛」したはずなのに憎まれる。孔子も自身の経験から、この法則には気づいていたでしょう。しかしそれでも愛し続けること、それが「仁」なのです。相手がどんなに自分を憎んでも、どんなに変わってしまっても、その人を大切に思う感情、それが「仁」なのです。

これは難しい。非常に難しい。だからこそ「仁」が『論語』の最大の徳になるのですが、「仁」について書いていくと一冊や二冊の本では終わりません。本書では「仁」についてはこれ以上触れないことにして、最後に孔子が「汎く衆を愛し仁に親しめ」といっていることにもう一度注目してみたいと思います。

私たちは多くの人を愛そうとすると、個人をないがしろにしがちです。

高名な教育者や心理学者の子どもの多くが、親とうまくコミュニケーションが取れない。それどころか憎んですらいる。他の人からは尊敬され、親しまれているその人を、実の子どもは憎んでいるのです。多くの人を気にかけることと、個人を思うことの両立は難しい。

しかし、その難しいことに努力をすることも「前・学」段階の修行なのです。

▼その師に魅力があるか？

さて、入門前、すなわち「前・学」の段階の修行について書いてきました。

「前・学」とは思えないほど過酷な修行です。しかも「学」をしに来たのに、「学ぶ前に行動せよ」などといわれて、まだ全然学ぶことをさせてもらえない。しかもこれが何年も続く。まったく飴（あめ）を与えられずにバシバシと鞭（むち）ばかりのこんな過酷な修行を「前・学」の段階にさせられたら、ほとんどの弟子たちが脱落をしていったのではないかと想像してしまいます。

もし新入社員にこんなことを課したら、ほとんどの人は辞めてしまうでしょう。

しかし、能の世界を振り返って考えてみる。内弟子に入ると掃除や洗濯などの「行動」するだけの生活が待っています。罵倒（ばとう）され、殴られ、かなり過酷な生活です。能の稽古（けいこ）などはまったくしてもらえなかったという人もいます。それなのに辞めない。なぜでしょう。

それは師匠の絶対的な魅力と、そして同じ苦労をしてきた先輩たちの援助があるからではないかと思うのです。そしておそらくは孔子学団もそうだった。孔子の絶対的な魅力と、顔淵、子路、子貢などの諸先輩の導きがあった。だからこそ、「弟子三千人」と称されるほどの弟子が孔子学団に集っていたのではないでしょうか。

第4章　「詩」——叙情世界に本質は宿る

▼詩を学んだか——孔子からの問い

過酷な「前・学」段階の修行を経て、弟子たちはいよいよ「学」に入る準備ができました。「学」に入門を許された子弟たちが学んだものは、まずは「詩」と「礼」です。

エピソードをひとつ紹介しましょう。

＊

門人のひとり、陳子禽(ちんしきん)が、孔子の子である伯魚(はくぎょ)に「あなたは孔子の子なので、何か特別なことを習ったのではないのか」と尋ねました。それに対して、伯魚は孔子とのエピソードを語ることによって答えます。

孔子がある日、ひとりで立っていた。そこに息子の伯魚が通りかかる。伯魚は礼法の通り小走りで庭を通り過ぎようとする。と、孔子に呼び止められて問われた。

「お前は『詩』を学んだか」

伯魚が「まだです」と答えると、「『詩』を学ばずんば、もって言うことなし」といわれ、伯魚は下がって「詩」を学ぶ。
後日、同じように孔子がひとりで立っていた。そこを伯魚が趨走(すうそう)しようとすると、やはり呼び止められて問われた。
「お前は『礼』を学んだか」
「まだです」と答えると「『礼』を学ばずんば、もって立つことなし」といわれ、伯魚は「礼」を学ぶ。

この話を聞いた陳子禽は、「自分はこの話で三つのことを学びました。『詩』と『礼』の大切さ、そして君子(くんし)は自分の子だからといって特別扱いしないことです」と喜んだとあります。

孔子は子である伯魚だけでなく、すべての弟子に「詩」と「礼」を学べと薦めていたのです。

▼賢者の学び

でも、なぜ「詩」と「礼」なのでしょうか。

孔子は「詩」の効用のひとつとして、鳥獣草木(ちょうじゅうそうもく)の名を知ることができるということをあげています。鳥獣草木の名を知るというのは、いまでいえば理科です。もう少し大きくくれば自然科学。それに対して「礼」は、たとえば『周礼』という本には国家の理想的な姿が組織図として詳しく描かれていたりして、学校の授業でいえば政治経済、大きくくくれば人文科学です。

しかし、自然科学に分類した「詩」は、むろんそのまま人文科学でもあり、また人文科学の「礼」の中にも農業や漁業、林業などに関する自然科学的なことが詳細に述べられています。どちらがどちらだという風な分類はともかく、「詩」と「礼」を学ぶことによって自然科学も人文科学もともに学ぶことができるのです。

かつては学問は、自然科学、人文科学などと分かれてはおらず、統合されたものでした。

『博物誌』のディドロは「賢人はかつては哲学者であり、詩人、音楽家であった。これらの才能は分離することによって退化した」として、「偉大なる音楽家と偉大なる叙事詩人はすべての悪を正すだろう」といいます。

君子を目指す孔子学団の学徒たちも、統合した学問としての「詩」と「礼」を学んだと思われます。

とはいっても現代人の私たちは、「たかが詩にそんなすごい力があるのか」とか「礼なんか虚礼でしょ。あんなつまらないものに意味なんかないんじゃないか」と思ってしまいます。そこで、まずは詩と礼の重要性を見ていくところから話を始めることにしましょう（礼に関しては次章で）。

▼詩の効用

孔子はわが子にも、そしてすべての弟子たちにも、まずは詩を学ぶことをすすめました。

最初に学ぶのが詩とはちょっと変な感じがします。「学（[illegible]）」とは、机に向かって勉強することではなく、古典芸能や相撲の弟子のように、かなり厳しく、そして徹底的に鍛えられる修行の方法でした。詩を学ぶというときの「学」だって、ノリとしては体育会系なのです。

体育会系のノリで、なぜポエム？　と思う。

孔子のいう詩は、いわゆるポエムとは違うのです。詩とは『詩経（しきょう）』という経典に載る三〇〇余編の詩を指します。

『詩経』は中国最古の詩集で、それに載る詩は祭礼で歌われた古代の神謡がほとんどです。朗読をするための詩ではなく、歌うための詩なのです。中には神聖舞踏を舞うための歌もあるし、あるいは祝祭劇のための詞章と推測されるものもあります。

孔子の弟子たちは、ただ『詩経』を読むだけでなく、その中の詩を声に出して歌ったり、それに合わせて舞ったり、あるいは神聖劇を上演したりして、祭りの場に神を呼び招き、そしてさまざまな儀礼を執り行なったりしました。そういう舞や神聖劇や儀礼のための詞章集が『詩経』だったのです。

ですから、詩の章句もきわめて身体的なものが多い。それは日本の『古事記』も同じで、そのまま謡えば、自然にからだが動くように作られています。むろん能の謡もそうです。能ももともとは神霊や祖霊、そして精霊を呼び出して、交感儀礼をするための神聖劇だったのです。孔子の弟子たちは、能を舞うように『詩経』の詩で謡い舞っていたのでしょう。

さて、そんな詩を学ぶ効用を、孔子が弟子たちに述べているところがあります。

> 子曰わく、小子、何ぞ夫の詩を学ぶこと莫きや。詩は以て興すべく、以て観すべく、以て群すべく、以て怨すべし。邇くは父に事え、遠くは君に事え、多く鳥獣草木の名を識る（陽貨9）。

孔子が弟子たちに「お前たちはなぜ詩を学ばないのか」といっているところがおか

しい。当時の弟子たちにも詩を学ぶということの意味はわかりにくかったようです。孔子は詩を学ぶ効用を三つあげています。以下の訳は岩波文庫の金谷治氏のものを参考にしました。

①心をふるいたたせ、ものごとを観察させ、人々といっしょに仲よく居らせ、怨みごともうまくいわせる（興・観・群・怨）。
②父や君主に事えることができるようになる。
③鳥獣草木の名を知り、それが書けるようになる。

この詩の効用は、能の謡の効用を思い出させます。能の謡にも「謡十徳」や「謡十五徳」といって、「謡を学ぶとこんないいことがあるよ」という効用紹介のようなものがあり、その内容が孔子の詩の効用に似ているのです。『詩経』の効用について細かく見ていく前に、またちょっと能の話をさせてください。

江戸時代には町の学校、寺子屋がありました。寺子屋というと、時代劇の影響で『論語』の素読のイメージが強いのですが、しかし寺子屋では能の脚本である謡曲、すなわち謡も学んでいたようです。孔子の弟子たちが『詩経』によっていろいろなことを学んだように、江戸時代の子どもたちは謡によってさまざまなことを学びました。

まずは奈良時代から江戸時代に至る古典のエッセンスを謡から学びます。

能は奈良時代から平安、鎌倉時代の古典が素材になっています。当時の出版事情は現代とは違うので、当時の町民の子どもたちは『源氏物語』や『伊勢物語』などの古典の原典に直接あたることは難しかった。しかし、さまざまな古典から素材を取る能の謡を謡うことで、たくさんの古典のエッセンスを身につけられたのです。

「一時間でわかる古典」のような手軽さがありながら、しかし原典の言葉はそのままです。当時の寺子屋で使われていた謡の本を見てみると、絵本のように絵も描いてあります。声に出して、絵も見て、そして身体も動かして、丸ごとごっそり古典を学ぶのです。すると古典が血肉になります。

また、当時の本の欄外にはさまざまな鳥獣草木の名前や絵が描かれていて、孔子のいうように「鳥獣草木の名を識る」こともできました。謡に出てくる動植物なので、声に出して謡っているし、ただ頭で理解しただけではなく、身体も動かしているので、理解は深くなるのです。さまざまな礼法が欄外に書かれている本もあります。

私が主催する寺子屋でも、まずは静座と読経をして、そして次に謡を謡ってから

『論語』の素読に入ります。そうすると声もよく出ます。ちなみに『論語』も節をつけて謡ったりもしています。明治以前には音読といえば節付きというのが一般的だったといいます。現代では節付きの音読といえば、ソロバンの「ご破算で願いましては」くらいしかありませんが、江戸時代の寺子屋の素読には節がついていたようです。

さて、能の謡の話はこれくらいにして、『詩経』の効用についてまずはひとつひとつを見ていくことにします。『論語』の文とは順番を逆にして、最後の③「鳥獣草木の名を知り」のくだりから見ていきます。

▼百科事典としての詩と文字の修得

③鳥獣草木の名を知り、それが書けるようになる。

多く鳥獣草木の名を識る

孔子の唱えた『詩経』の効用のひとつ「多く鳥獣草木の名を識る」には二つの要素が入っています。ひとつは鳥獣草木の名を知ることができるということ、そしてもうひとつは文字の修得です。

『詩経』には、鳥獣草木だけでなく、いろいろな地名も現れます。「前・学」の段階の修行で「衆を愛す」、すなわちさまざまなことを学ぶ博物学的知識の必要性を述べましたが、『詩経』を学ぶことによって、まずはそのような博物学的知識を得ることができます。

賢人は哲学者であり、詩人、音楽家であったといったディドロは『博物誌』を書きました。賢人であるためには、あらゆることに精通していることが必要です。「君子は専門家であってはいけない」（君子は器ならず）とか「衆を愛す」と孔子はいっていましたね。学に志すものはあらゆることに興味を持ち、そしてそれを知ろうという博物学的好奇心が大切なのです。

また、ここで「知る」という風に読まれている「識」は、「記す」ことができる、すなわち「文字で書くことができる」という意味です。

孔子の時代、文字を書いたり、読んだりすることができる人は稀でした。

当時の文字は、今のように人とコミュニケーションをしたり、何かを記録したりするという、記号的な役割を持ったツールではなく、神さまに対して使われる呪的なエンブレム（象徴＝紋章）でした。一文字、一文字がとても聖なるものだったので、誰でもが扱ってよいものではなく、それを扱うための特殊な職業があったようです。

その職業は世襲制で「史」と呼ばれていました。

孔子自身がその「史」ではなかったかといわれています。周は文字を創作せずに、前代の殷の文字を踏襲しましたので、「史」が世襲制だとすると、孔子も殷の時代からずっと文字を継承してきた一族の末裔ということになります（『史記』に孔子は宋人の末裔だと書かれています。宋は殷の余裔が封じられた国です）。その正否はともかく、孔子が文字を読み書きできたということは、当時としては非常に珍しいことだったし、そして彼の弟子たちにも文字の読み書きができるようになることが求められていました。

それは後章で述べる「心」の問題と深く関わっています。

文字によって私たちは過去のことを読んだり、書いたりすることができるようになり、また未来の計画を記すことができるようになります。文字が書けるということは時間をコントロールすることもできるということなのです。そして時間をコントロールすることこそ、「心」の持つ最大の力なのです。

孔子の弟子たちは、読み書きを『詩経』だけでなく、「書」というものを通して学んでいました。「書」とは、『書経』あるいは『尚書』と呼ばれる書物で、三皇五帝という伝説時代から夏・殷・周に至るまでの王や王族による策命や演説原稿集です。

また、孔子の時代でも、文字が神聖であることに変わりはありません。神聖なる文字が書けるということは、神との交信ができるということでもあります。「命」の世界と親しくなることなのです。

▼外交能力としての詩

②父や君主に事えることができるようになる。

邇くは父に事え、遠くは君に事う

詩の効用の二番目は、父や君主に事えることができるようになるというものです。「事える」という言葉には二つの意味があります。

事えるの「事」は金文では「」のように書きます。これは文字を書く役人である「史（）」に、吹流しがついた形です。金文では「史」と「使」は、ほとんど同じ意味で使われていて、孔子の時代にも「史」は歴史の史であるとともに、使者の使でもありました。

ここでいう「事える」にも「使者」の意味があります。「父に事え、君に事う」とは、君主や父の代わりの使者となることができるという意味が元で、そこから役に立つ人になれるという意味が生まれます。

『春秋左氏伝』などには、詩を使った外交の場面が多く描かれます。現代でいえば、外国語を流暢に話すための能力と、ウィットの利いた会話をするための教養の両方を兼ね備えた外交官になるためには、この時代では『詩経』を学ぶのが一番だったのでしょう。

でも、ただそれを覚えていればいいというわけではなかった。孔子はいいます。

「詩三百を暗誦していても、政務を与えても達成することができず、また諸国に使者として遣わしてもその対応を任せることができないならば、いくら多く暗誦していてもまったくダメだね」

子曰わく、詩三百を誦し、これに授くるに政を以てして達せず、四方に使して専り対うること能わざれば、多しと雖ども亦た奚をか以て為さん（子路5）。

（事）

（史）

ただ『詩経』の中の詩を覚えるだけでなく、それをいかに実際の外交の場面で応用していくか、それには「礼」が必要なのですが、礼に関しては第5章で扱います。

▼共通語としての詩

さて、外交時における『詩経』の役割として、もうひとつ、「共通語としての詩」というのがあったのではないだろうかと思います。

もう二〇年以上も前（一九八〇年代）のことになりますが、はじめてラサ（チベット）に行ったとき、チベット語の単語帳を見せて発音を教えてもらいました。ところが、ひとつの単語に対してそこにいた何人かのチベット人がみな違う発音をするのです。しまいには、みな「自分が正しい」と喧嘩（けんか）を始める始末。

当時のチベットだけではなく、標準語というものがあまり重要ではない地域や、あるいは標準語自体が存在しない国というのは現代においてもまだまだたくさんあります。その当時はゴルムドや、四川省（しせんしょう）のちょっと奥まった田舎に行くと、特にお年寄りには、中国の標準語である「普通話（プートンホア）」がまったく通じないということがよくありました。

これは外国だけの話ではありません。現代日本でも知らない土地に行き、お年寄りの会話を聞いていると、何を話しているのかほとんどわかりません。

ましてや江戸時代、標準語というものがなかった時代に、各藩にはおのおの独特の言語があったわけですから、江戸城に集まった各藩の武士たちは大変だったはずです。そんな武士たちの会話のための言語のベースになったのが能の台本である謡曲だったといわれています。

江戸時代、武士たちは能を学ぶことは必修のこととして義務化されていました（徹底されていたわけではないようですが）。その理由のひとつに共通語としての謡曲の習得があったようです。謡曲の会話文は「これは武蔵坊弁慶にて候」というような候文で書かれています。手紙の基本文体は本来は候文であり、現代でも格式ある手紙や格式ある人同士の手紙は候文で書かれます。それは江戸時代の共通語の名残だからです。

そして、『詩経』にも謡曲のような役割、すなわち共通語のベースとしての役割があったのではないでしょうか。

中国は本当に広い。川をひとつ隔てると通訳が必要だといわれていました。ましてや今から二五〇〇年も前の春秋時代、各国の諸侯が集まった会談で言葉が通じないということは当然あったに違いない。そんなときに『詩経』の言葉を熟知していることは、共通語を話せるということであり、外交の実務者にとっては必須のことだったのではないかと思うのです。

現代でも、英語を学ぶには英訳『聖書』と『マザーグース』を暗記してしまうとよいと説く人がいます。それもこれと同じ考え方かもしれません。

▼呪術的言語としての詩

①心をふるいたたせ、ものごとを観察させ、人々といっしょに仲よく居らせ、怨みごともうまくいわせる（興・観・群・怨）。

詩は以て興すべく、以て観すべく、以て群すべく、以て怨すべし

詩の効用として孔子が一番最初にあげるのがこれです。しかし、これは現代人が読み込むにはなかなか一筋縄ではいかない句なので最後に持ってきました。

この章にはさまざまな解釈があります。訳文としてあげたのは金谷治氏のものですが、貝塚茂樹氏は「興」という語に注目して、違う解釈を示します。

氏は「興」とは、心をふるいたたせることではなく、詩の修辞法のひとつ、すなわち象徴表現としての「比喩（ひゆ）の方法」だとしてまったく違う訳をあげています。以下、両者の訳を対照してみましょう。

	〔金谷訳〕	〔貝塚訳〕
【興】	心をふるいたたせる	ものを譬（たと）えることができる
【観】	ものごとを観察させる	風俗を察することができる
【群】	人々といっしょに仲よく居らせる	友となって励まし合うこともできる
【怨】	怨みごともうまくいわせる	政治を批判することもできる

貝塚氏が注目した「興」は、確かに詩の修辞法ですが、古代の修辞法はいま私たちが学校で習う「修辞法」というもののイメージとはちょっと違います。本来の修辞法は、もともとは魔法の技法のひとつでした。

修辞法が魔術であるということは、舞台で歌を歌ったり、詩を読む人ならば「そうだ」と賛成してくれるでしょう。

舞台で歌うときにはその歌詞を覚えます。修辞法はまず、その記憶を助けます。たとえば枕詞があれば次の言葉は必然的に出てくるし、掛詞があれば綴れ錦の織物のように、ひとつの語が次から次へと他の語を呼び起こします。しかも、それらの語が織り成す織物は、まことに幻想的であり、異界をそこに出現させてしまう。少なくとも歌っている人の脳裏には幻想世界がはっきりと現前するのです。まさに魔法です。

修辞法の中でも「興」は特に呪術的です。

たとえばある草が詩の中に読まれる。すると必ず恋愛の情が歌われるという類型があります。現代ならばバラなどはその典型ですね。バラとくれば恋です。草によって恋慕の情が「興る」。これが「興」です。日本でいえば「枕詞」がこれに似ています。「あおによし」とくれば、必ず「奈良」がくる。

一見ただの連想のようにも見えます。しかし、「興」として使われる植物や動物などの背景を探っていくと、そこには呪術的な歴史があるのです。

たとえばその植物を巫女が捧げて舞うと必ず神さまが来臨してくるとか、あるいはその植物を水に捧げると雨が降ったりとか、そんな呪術的な歴史を持った植物が「興」として使われます。日本でいえば玉串奉奠のときに捧げる榊がそうです。また、アメノウズメの命は、岩戸に隠れた天照大神を呼び出すためにさまざまな草花をたすきにかけたり、鬘にしたり、手草に結ったりして舞いました。また、能の狂女は生き別れた我が子や恋人との再会を祈るために笹を手にして舞い狂いますし、菊の節句は聖なる植物である菊それ自体の祭りのようでもあります。

ある特定の草木には神霊を動かす力があったのです。少なくとも古代人はそう感じていました。

神さまが人にそのお告げをするという意味の「吿＝告（𠮷）」という漢字は、今は上が「牛」になっていますが甲骨文では植物の形になっているものもあります。白川静氏は「木の小枝に、祝禱を収める器の𠙵を著けた形」だといい、加藤常賢氏は「草木の柔弱な若芽の生出した形」だといいます。

能舞台の後ろの壁は鏡板と呼ばれ、そこには松の絵が描かれます。もともとは本物の松があり、そこに神が降りて来たのです。神は植物を依り代として降臨します。

やがて、植物の霊力は神さまだけでなく、人間にも通用するようになります。なかなか振り向いてくれない異性を振り向かせたり、あるいは恋愛を成就させたりする力も、聖なる植物にはあることに古代人は気づきました。「そんなの迷信だよ」という現代人も、恋人に花を贈ったりします。花は必ず枯れるので財産的価値はほとんど

𠮷（告）

ないに等しい。それなのに花を贈る。現代人の心の深奥にも古代人の持っていた植物に対する呪術性が残っているのかもしれません。

このようにして神事から始まった「興」は、人事にまで通用するようになるのですが、それはやがて草花としての実体を離れ、言葉の呪術になっていきます。たとえばその草花の名を口に出すだけでも恋の成就をもたらし、あるいはその草を詩の中に詠むことによっても神を招くことができるということを古代人たちは発見しました。

呪術言語の発生です。

その名を詩に詠むことは、すなわち呪術言語を発することです。そして詠み込まれた呪術言語は、たとえば神との再会とか、恋愛の成就とか、必ずある何かを引き出す。それが「興」=「おこす」と呼ばれるゆえんです。

詩の言語はただの言語を超えて、呪術アイテムとしての呪術言語となります。そして、呪術とは「命」の世界と親しくなるためのツールであるということは何度も書いてきました。前章で「信」は「命」に通じる神の言葉だということを書きました。詩の言葉はまさに「信」、すなわち神の言葉になるのでしょう。

▼儀礼を行なうための詩

さて「興」の次に『論語』では「観」、「群」、「怨」の三字が続きました。この三字の意味を考えるために、もう少し「興」について考えてみましょう。「興」は古い字体では次のように書かれます。

この字は「」を四つの手で持ち上げている、という字形です。この「」は現代の漢字（興）では「同」になっていますが、もともとは「凡（はん）」です。「凡」とは神霊を呼び寄せる呪術で、甲骨文字の「風」を示す字の中にも見つけることができます。

甲骨文字では「凡（）」と「鳥（）」が並んでいますが、現代の漢字に直せ

（興）　（凡）　（鳳＝風）

（鳥）

ば「凡」の中に鳥を入れた「鳳」の字です。これが殷の時代の「風」です。現代の風は「凡」の中に「虫」、すなわち蛇体、あるいは龍が入っている文字になっています。「凡」は「凡祭」というお祭りです。『詩経』には「考槃」という風を招き雨を呼ぶ祭の詩が載っていますし、「鳳（風）」という字の中の鳥は、風を招く動物として後代でも尊ばれます。殷代の「凡」は、神霊を降臨させるための儀礼であり、また風を招き、雨を呼ぶための儀礼でもありました。そんな「凡」を四本の手で奉じる「興」には、お神輿を担いでいるようなイメージがあるのかもしれませんね。

『論語』にはこんなエピソードが載っています。

孔子がある日、四人の弟子たちに「お前たちのことをわかってくれる人がいたら何をするかね」と尋ねます。三人の弟子たちはみな立派な答えをするのですが、曾皙という弟子だけはこの問答には加わらずに琴を弾いていました。琴は神霊を招く楽器です。

孔子は「お前はどうだ」と曾皙に尋ねると、「私は皆さんのような立派な意見ではないのですが」という。「それでもかまわないから」と孔子がうながすと、彼はこう答えます。

「春の終わりの頃、春服もちゃんと整った頃、成人した者五、六人と、それから童子

七、八人を伴って、沂水で『浴』し、舞雩で『風』して、詠じて帰って来ましょう」

　これを聞いた孔子は「私もそれがいいな」と曾晳に同意するのです（先進26）。舞雩とは雨乞いの舞です。三礼『周礼（宗伯）』には女巫の役割として「旱魃のときには舞雩する」とあります。また「雩」は同音の「羽」にも通じ、羽を持った舞だともいわれています。「学んで時にこれを習う」の「習」の舞ですね。

　曾晳のいった舞雩というのは雨乞いの舞をするための石舞台です。ここで「風（凡）」するというのは、まさに風や神霊を招く舞を舞うということでしょう。そのときにはむろん『詩経』の詩が歌われていたに違いありません。また沂水で『浴す』とは水を浴びることで、洗礼や禊のようなイメージがあります。春の一日、水辺で禊をしたあと、石舞台で風神を招く舞を舞う。いいですね。

「『興』することができる」というのは、「詩」を使うことによって「凡祭」を執り行なうことができる、あるいは風の舞（舞雩）を舞うことができる、というのが元の意味だったのかもしれません。

　そうなると他の三つ、「観」、「群」、「怨」も祭礼の可能性があります。ただし、このような儀礼はないので何か違う語だったのではないかと考えてみます。

　まず「観（觀）」は『論語』に「『禘』の祭りでは『灌』の儀礼以降は見たいとは思

わない」（八佾10）とある「灌」でしょう。「観（觀）」と「灌」に共通する「雚（〓）」にも鳥がいます。『易経』の「観」の卦を見ると「盥して薦せず」とあり、王弼は「宗廟の観るべきものは盥以上のものはない」と注をし『論語』のこの箇所を引きます。「灌」の儀礼とは鬯という香酒を地面に注いで神霊を呼び出したり、来年の豊作を予祝する儀礼です。曾晳が「沂水で『浴』す」というのも同様の儀礼でしょう。また「盥」とは手を洗う儀礼で、古代中国の儀礼においても、そしてキリスト教のミサにおいても重要な儀礼です。

次の「群」は婚礼です。「群」は「軍」や「勲（勳）」と音が通じます。金文で記された「毛公鼎」の銘文で「大命に勳勤せり」と使われるときの「勳」は、爵を以て酒を賜う形であり、金文の「婚」も同じ酒爵の形です。

「怨」は「婉」や「宴」と音が通じるので饗宴、神霊に飲食を捧げ、それをみなで共食共飲する儀礼です。

神霊を呼び寄せる「凡」礼、予祝儀礼である「灌礼」、神と共同体との「饗礼」、人と人とを結びつける「婚礼」、それらは詩によってなし得る、そう孔子はいったのかもしれません。

というと思い出すのは、またまた能の謡です。

近頃は「能の謡なんて生まれてから一度も聞いたことがない」という人も多いのですが、少し前までは結婚式で謡われる「高砂（たかさご）や」くらいは誰でも知っていました。それは教養というよりは、謡が社会生活に必要なものだったからなのです。神前結婚式ですら一般的になったのは戦後です。それまでの、共同体の人々と執り行なわれる通過儀礼としての結婚式では「高砂や」がなければ始まらなかった。

結婚式だけではありません。

少し前の日本には「指図人（さしずにん）」や「差配人」と呼ばれる儀礼執行者がいて、さまざまな儀式や儀礼が、彼（か）の人の指示のもとに「謡」を中心に行なわれていたところが多くあったのです。謡には儀式を進行させ、そして人を変容させる力があったからです。

儀式は、本来は通過儀礼です。

たとえば成人式の前と後では人格が変容する。人格だけではなく、身体も変容します。つらい仕事に対したとき、「つらいからやめる」という〈子どもの身体〉から「つらいけど続ける」という〈大人の身体〉へと変容する。その変容を助け、促すのが儀礼です。

（翟）

結婚式もそうですし、就職に際しての入社式だってそうですし、お葬式もそうです。その式の前と後では人は変容します。しかし、変容といったって、そんなに簡単にできるわけではありません。ただ籍を入れて結婚したって、同棲時代と何も変わらない。したいことはしたいし、したくないことはしたくない。それが人間です。そこで必要になるのが儀礼なのです。それもただお金をかけて派手に行なう結婚式ではなく、人格の変容を促すような本物の儀礼が必要であり、その儀礼には謡や詩が不可欠なのです。

謡の声には噪音（ノイズ）が多く含まれます。ただのノイズではない。訓練された〈儀礼する身体〉によって発せられるノイズ、それが噪音になります。噪音は人の精神を変容させます。第2章で書いた「神事の声」です。神道における警蹕や仏教の声明も同じです。そんな噪音の声によって進行され、執行される儀礼の場は、日常の世界から一挙にジャンプして異界へと変容します。ふだん見慣れた人々が神に仕える呪術師になり、見慣れた場所が聖地になる。先祖の霊も現れ、山川草木が神々となる。その儀礼を通じて、人は初めて変容し得るのです。

噪音を多く含む能の謡は、かつて儀礼の中心にあったし、そして「詩」も訓練された身体によって謡われることで、かつての謡と同じ力を発揮したと思うのです。

▼本質力としての詩

さて、今まで詩を学ぶ理由として「百科事典としての詩」、「共通言語としての詩」、「呪術的言語としての詩」、「儀礼執行のための詩」という詩の効用のような話をしてきました。しかし、孔子の学団で詩を学ぶもっとも大切な意義は、詩によって「本質」を摑む力を身につけることです。すなわち「本質力としての詩」、それが詩の持つもっとも大きな力なのです。

五経のひとつに『礼記』という本があります。その中の学問を述べた篇、「学記」篇に「大道は器ならず」という言葉があります。『論語』の中の「君子は器ならず」（君子は専門家になってはいけない）という言葉はたびたび紹介していますが、その「器」、すなわち専門です。

「学記」には次のように書いてあります。

音楽は五つの音階で構成される（安田註：原始的な音楽はだいたいがペンタトニック、五音階になっています）。この五音階を奏でるさまざまな楽器が「器」である。楽器の中で、鼓だけはメロディを奏でることができず、その五音階には関与していない。が、五音には関係していない鼓が入らないと音楽としての調和は取れない。

これは絵でもいえる。絵は五色の絵の具によって描かれる。器としての絵の具だ。無色の水は、この五色には関係しない。しかし、無色の水がなければ絵の具は彩（いろど）りを出すことができない……云々（うんぬん）。

そして大道や君子は、鼓や水と同じだと『礼記』はいいます。

鼓や水は音階や色彩から見れば「ないも同然の存在」です。しかしこの、ないも同然の存在によってはじめて五音は機能して音楽となり、五色は彩りを得て絵となる。それはオーケストラを構成するさまざまな楽器と指揮者との関係に似ています。指揮者は、バイオリンの物悲しい音色を奏でることも、トランペットの勇壮な音色を出すこともできない。しかし、無音の指揮者によってオーケストラの音楽は成り立ちます。

次元が違うところにある「何ものか」が必要なのです。

トランペットはトランペット専門の音を出し、バイオリンはバイオリン専門の音を出す「器」です。しかし、鼓や水や指揮者は「器」ではない。

『礼記』の「学記」では、「大道は器ならず」という真理を明らかにすることによって、学問の「本」に志す必要性を説きます。

▼君子は枝葉末節にこだわらない

大事なのは「本質」です。

目に見えない他次元の存在を明らかにすることによって、その底に流れている「本質」をしっかりと把握する「本質力」を養成することが学問の目的だと「学記」ではいうのですが、『論語』もまた、「本（本質）」の重要さを強調します。

　有子曰く、其の人と為りや、孝弟にして上を犯すことを好む者は鮮し。上を犯すことを好まずして乱を作すことを好む者は未だこれあらざるなり。君子は本を務む。本立ちて道生ず。孝弟なる者は、其れ仁の本たるか（学而2）。

弟子でありながら「子」という尊称を持つ有子が「君子は本を務む」といっています。これは大切です。

「本」は金文では次のように書きます。

「木」の下にある点が根元を指す、指事文字です。「本」とは、文字通り根本です。対するものは「末」（末）。こちらは梢を示す漢字です。これも文字通り枝葉末節です。

君子は枝葉末節にこだわらない。細かなことにこだわらず、本質である自己を探そうとする。枝葉末節ではなく、ただ、その根本のみを務めていれば、自然に「道」は生じる、と有子はいいます。目にも見えず、触れることもできない。しかし、自分を含め、あらゆる現象の底に流れる本質、それを捉えることこそが大事なのです。

▼切磋琢磨の意味

さて、「詩」によって本質を学ぶ例として『論語』のエピソードを見てみましょう。有名な「切磋琢磨」の話が出てくる箇所です。

子貢曰わく、貧しくして諂うことなく、富みて驕ることなきは何如。子曰わく、可なり。未だ貧しくして道を楽しみ、富みて礼を好む者には若かざるなり。子貢曰わく、詩に云う、切するが如く、磋するが如く、琢するが如く、磨するが如しとは、其れ斯れを謂うか。子曰わく、賜や。始めてともに詩を言うべきのみ。諸に往を告げて、来を知る者なり（学而15）。

弟子である子貢が孔子に尋ねます。「貧しくても人に対してへつらうことがなく、また富んでいても驕らないという人はいかがですか」と。孔子は「まあ、いいだろう」とまずいい、しかし「貧しくても道を楽しみ、富んでいても礼を好む人には及ばないな」と付け加えます。それを聞いて子貢はハタと思い当たり、「それが詩でいう『切磋琢磨（切するが如く、磋するが如く、琢するが如く、磨するが如し）』なのですね」という。

これを聞いて孔子は「子貢よ。はじめて『ともに』詩のことを話せるという関係になれたな。お前は『往』を告げられて『来』を知る者だ」と喜ぶ。

そんな話です。

（本）　（末）

子貢は外交、ビジネスの両面においても成功をおさめた、孔子のパトロンのような弟子です。いわば富んでいる人です。「富む」ということに本当に無頓着な人は、富むことはできません。子貢が富んでいるのは、富に興味があったからです。孔子の弟子である彼は、他の弟子よりも、また孔子よりも富んでいることに対して、ちょっと後ろめたさがあったのではないでしょうか。

孔子のもっとも愛した弟子であり、「しばしば空し」と称された顔回は貧しい人でした。「富と貴きとは、これ人の欲するところなり」（里仁5）と孔子がいうように、富むことも貴きことも、道に外れずに得たのなら問題はない。しかし、富や貴いことは怖いし、才能に恵まれているということも怖い。富んでいれば貧しい人に対して驕慢の心を持ちやすい。貴人は卑賤な人に対し、また才能のある人は才能の乏しい人に対して驕慢の心を持ちやすい。そして驕慢の心は、人を本質から遠く引き離す。恵まれているというそれだけで、人は「本質」から遠く離れやすいのです。

しかし、子貢は顔回のように貧しさの中にはいられない。子貢は、富や成功を淡々と捨てることはできない。そしてそんな彼にとって富を手放せないということは、ひとつの欠落であったでしょう。

彼は富という、手放せない欠落を何とかしようと努力します。「驕ることなき」を常に心にかけ、努力をしていたのです。そして、この「貧しくても人に対してへつらうことがなく、また富んでいても驕らないという人はいかがですか」という発言になります。それに対して孔子は「可なり」といいます。それはそれでじゅうぶんにすごいし、正しい。

しかし、孔子はそれで完璧(かんぺき)だとも思わない。なぜなら、「貧しくてもへつらうことなく、富んでも驕らない」というのは、いうは易(やす)いが、実行するのはとても難しいことだからです。孔子はそれを知っていました。

孔子の言と子貢の言との違いを比べてみると、そこに「楽しみ」の有無があることに気づくでしょう。孔子は「貧しいときには道を楽しみ、富んだときには礼を好む」といっています。楽しみ、好むことが大切なのです。貧しいときには道を「楽しめ」ば自然にへつらいから遠ざかり、富むときには礼を「好め」ば自然に驕りから遠ざかる。そう孔子はいっています。

それに対して子貢のそれは息苦しい。「～べき」にしばられています。「べき」にしばられると無理が生じ、自分の首を絞めてしまう。

貧しいときには思わずへらへらとへつらってしまい、富貴の身となれば思わず驕慢の心を起こす。それが人間です。それを「すべきではない」というのは、たしかに正論なのですが、それは簡単ではない。無理をすれば、自分の首をしめます。しかし、枝葉と根本でいえば、へつらいや驕りは外に現れたもの、すなわち枝葉です。それをコントロールするのではなく、「本」である道を楽しみ、そして礼を好めばいい。それによって自然に枝葉が伴ってくるのを待つ、それが孔子の方法なのです。

さて、それを聞いて子貢はハタと「切磋琢磨」の詩に思い当たる。

切・磋・琢・磨の四字にはみな微妙な違いがあります。骨を削ることを「切」といい、象牙を加工することを「磋」といい、玉を磨くことを「琢」といい、石を磨くのを「磨」といいます（貝塚）。切磋琢磨の四字はすべて素材に磨きをかけて、あるモノにすることをいいます。それはあるいは実用的なモノであり、より付加価値のついたモノです。しかし、できあがったそれらのモノは「枝葉」です。「本」は素材そのものであり、そしてそれに正しく接する行為です。大事なのは素材としての象牙や玉そのものであり、そしてそれにあった正しい磨き方「磋」や「琢」をすることです。せっかくいい象牙があっても、それを玉に対するような磨き方で加工したら台無しにしてしまう。素材を正しく活かすためには、まずはこの素材が何なのかを正しく知り、そしてそれに対する正しい対処法、コトを知ることです。

人間でいうならば、素材とは天性です。『中庸』に「天の命ずる、これを性という」とあるように、人ひとりひとりには天から与えられた素材としての「性」がある。子貢ならば、富を得るという性、顔回ならば貧を楽しむという性です。富を得る性を持つ子貢が、顔回に憧(あこが)れて、その性から離れたことをするのは天命に反する。無理が起こる。そんな無理をせずに、自分の「性」にあった方法で道を探求する。それを孔子は勧めたのです。

そして子貢も、その真意を悟り、この詩を引用しました。子貢は孔子の言の中のコトを感得し、詩の中に隠れているコトを見出(みいだ)し、そして自分の深奥に眠っていたコトを目覚めさせたのです。このコトこそ本質です。

私たちも、無理に自分の欠点を何とかしようとするのではなく、それを自分の「性」として受け入れて、その「性」に従って道を修める、その方法を見つけたいものです。

▼一を聞いて二を知る

子貢の『詩経』の引用を受けて、孔子は「賜(し)や。始めてともに詩を言うべきのみ。諸(これ)に往(おう)を告げて、来(らい)を知る者なり」といいます。はじめてともに詩について語ることができるようになったなあ、と喜び、「往を告げて、来を知る者になった」と告げるのです。

「往」と「来」、行って戻るです。「往」は過去であり、「来」は未来。

師匠は「往」、すなわち過去のことを告げる存在です。「述べて作らず」（述而1）というように、孔子の語る言葉は先哲の言葉であり、先聖の事跡です。また、孔子が教えるのは伝統の礼楽であり、伝統の詩書、すなわち「往」、過去のことです。

「学」とはからだ全体を使ってそれを徹底して学ぶことでした。能の稽古もそうです。師匠の謡や型を徹底して学ぶ。それだけでも何十年もかかります。しかし、それだけではダメだと、能を大成した世阿弥はいいます。それでは「無主風」になってしまう。すなわち主体性の無い芸風で終わってしまうというのです。

この無主風を『論語』の用語でいえば「来」がないということになります。教えられたことを教えられた通りに行なう。それでは一方通行です。一を聞いて一だけを知る。過去や伝統にしがみつくだけになってしまう。弟子が、伝えられたことのその底にある本質を摑んでいれば、まだいわれていないことを自分に照らして知ることができる。それが「来」なのです。

「往」は過去のことだといっても、それは何も何十年、何百年前のことを語るということだけを意味しません。あらゆることは語られた時点で過去のこととなります。師の言行はすべて過去なのです。

孔子は弟子たちに「往」を告げて「来」を知ることを求めていました。「来」を知るとはモノの深奥に流れているコトに気づき、その人、その状況に応じて自由に応用することによって実現するのです。伝統は、現代に活かすことができてこその伝統です。

子貢はここではじめて一を聞いて二を知る弟子になれたのです。

ちなみに一を聞いて十を知ることができた弟子は顔回だけでした。「私すらそれに及ばない」と孔子はいっています。

第5章　「礼」——魔術とマニュアル

▼苦しい「心」に何が役に立つのか

今から約三〇〇〇年前に「心」という漢字と、そして心そのものが生まれ、それまではただ従うしかなかった「命」を変え得る力を、人ははじめて得ました。しかし心は同時に「悲」、「怒」、「悩」などの漢字とともに、つらい心と、そして心の病という副作用をも人々にもたらすことになったのです。

「心」という漢字が生まれてから、約五〇〇年後が孔子の活躍した時代です。突然生まれた心に孔子の時代の人々はとまどい、その上手な使い方を知らないままに心に翻弄されるようになっていたのではないでしょうか。そして、孔子の時代から二五〇〇年も経った現代。心に人が翻弄されるという状況は、まだ変わっていません。

つらい心を何とかしたい、そう現代の人も思っています。さまざまな向精神薬や精神分析、カウンセリングなどが生まれましたが、しかし、心の病を抱える人や自殺者の増加などの現状を見ると、それらが完全に有効な方法であるとはいいがたいようです。

二五〇〇年前の孔子は、苦しい心には「礼が役に立つ」、そう気づきました。礼（禮）自体は「心」が生まれる前からありました。もともとは神霊と交信する業（わざ）を「礼（禮）」と呼んでいました。それがどうも苦しい心を何とかするのに役立つ、孔子はそう考えたのです。

▼転ばぬ先の杖（つえ）よりも、転んだ後のばんそうこう

孔子がせっかく私たちのために用意してくれた「礼」ですが、残念ながら現代、とても誤解されています。

周囲の人に「礼」のイメージを聞くと、よい印象を持っている人は少ないようです。学校で無理やりさせられた「気をつけ礼」のイメージとか、下げたくもない頭を下げるイメージとか、お中元やお歳暮などの面倒な虚礼、複雑怪奇な敬語、形骸化（けいがいか）した成人式、長い訓示につまらない来賓（らいひん）の挨拶（あいさつ）が延々と続く入学式や卒業式、ほとんど自己満足の結婚式などなど。

「礼なんかない方がいい」、そういう人も少なくありません。しかし、孔子の時代から二五〇〇年経った現代でも、心の処方箋（しょほうせん）としての礼はまだまだ役に立つのです。

礼の誤解のひとつに、「礼とは〈べき〉を書いてあるものだ」というものがありま

す。「なになしなさい」とか「あれはしてはいけない」とか、そういうものが礼だという誤解があります。しかし、前述したように孔子はこのような命令文や禁止文を殊更(ことさら)に避けています。

命令文や禁止文は転ばぬ先の杖です。

転ばぬ先の杖は、親しい人からよく与えられます。

「テストが近いんだから、早く勉強を始めた方がいいよ」とか「あんな人には近づかない方がいいよ」とか。しかし、転ばぬ先の杖の問題点は、事前にそう言われても実感がわかないということです。で、結局は失敗する。そして、忠告してくれた人に失敗したことを話すと「だから、私があんなに注意したのに」などといわれます。しかし、これでは何の解決にもならない。そのような発言は、杖を差し出した人が、責任逃れをしている以外の何ものでもありません。

礼は、このようなひどいことはしません。命令文や禁止文が転ばぬ先の杖ならば、礼は転んだ後のばんそうこうです。傷口をふさぎ、そして、次に転ばないような方法を、提案します。

たとえば人から悩みごとを相談される。相手のことを一生懸命思って、正直に答えてあげる。それなのに、なぜか恨まれる人がいます。いい人なのにうっとうしがられ、嫌われてしまう。

「どうしてだろう」と親しい人にきくと「もう他人の相談ごとなんか聞かない方がいいよ」などといわれます。これは、転ばぬ先の杖ですね。しかし、この人はまた人から悩みごとなどを聞かされると思わず親身になって考え、そして結局、その人から疎まれます。それを親しい人に話すと「ほら、だからいったじゃないか」といわれる……。

しかし、孔子は違います。

悩みごとを相談されやすい人は「相談を受ける」という「性」を持った人であり、そして「正直さ」を、やはり性として持っている人なのです。その人が疎まれるのは、ただ「礼」が欠如しているからで、「礼」さえ身に付ければ、すばらしい相談相手になれるし、本当に正直な人として人から愛される人になれるんだよと、孔子はいいます（ここでいう「礼」は、私たちがいまイメージする礼とは違うのですが、それは次項以降でお話しします）。

同じ「正直さ」でも、自分も他人も元気になる正直さもあれば、自分を苦しめ、他人を傷つける正直さもあります。その違いは、ただ「礼」の有無だけで、その人自身に問題があるわけではないのです。

本章では、孔子学団において詩の次に学ばれるものとして、まずはこのつらい心に役立つ「礼」から見ていくことにしましょう。

▼「礼」——二つの心的態度の間にあるもの

いま例にあげたような「礼」の力を描写したところが『論語』にあります。その章を読んでみましょう。

「先生がいわれた、『うやうやしくしても礼によらなければ骨が折れる。慎重にしても礼によらなければいじける。勇ましくしても礼によらなければ乱暴になる。まっすぐであっても礼によらなければ窮屈になる』」（金谷治訳）

子曰く、恭にして礼なければ則ち労し、慎にして礼なければ則ち葸し、勇にして礼なければ則ち乱し、直にして礼なければ則ち絞す（泰伯2）。

この章では相似通った心的態度を並べて、礼があるものとないものとを比べています。

恭→礼がないと→労（心労）になってしまう
慎→礼がないと→葸（考えすぎ）になってしまう
勇→礼がないと→乱になってしまう
直→礼がないと→絞になってしまう

「礼」は、二つの心的態度の間にあるブラックボックスです。一見すると似ている態度や感情が、「礼」というブラックボックスを通るか通らないかで、まったく違ったものになります。礼があれば徳目になる心的態度が、礼がないと自他を苦しめるものになってしまいます。

心が苦しむのです。

ここで示されるものは、すべて人間関係にまつわるものです。

『易経』では、軽い凶として「小しく言わるることあり」というのがあります。他人に何かをいわれるのは、凶には違いないがたいしたことはない。たとえば「車に死体を満載する」（尸を輿す）という、すごい卦が出るような『易経』の時代の人々にとって、他人に何かをぐちゃぐちゃいわれるくらいはたいしたことはないのです。

しかし、現代人は違います。

「人に何をいわれても平気だし、何と思われようと関係ない」という人ならば、心が苦しむこともほとんどありません。心の苦しみのほとんどは人間関係から生まれます。

人間関係で悩んで、たとえば「うつ」になり、会社を一時的にお休みする人がいます。疲れてしまった心を一時的に休めたり、元気づけたりするためには、薬や心理カウンセリングが役に立つでしょう。しかし、せっかく楽になったのに、また会社に戻ると同じ上司がいて、同じ同僚がいて、同じお客さんがいれば、再び心が病になってしまうのは当たり前です。

職場に復帰する前には、復帰前と同じような状況になっても大丈夫なように、さまざまなスキルを身につけることが必要でしょう。周囲や自分との関係を良好に保つためのスキル、それが礼が提供する心への対処方法です。それもマニュアルとしてのスキルから、根本のスキルまで広くカバーするのが礼なのです。

さて、スキルの問題はあとにして、まずこの四種類の心的態度の違いについて見ていきましょう。

ブラックボックスとしての「礼」

さまざまな心の苦しみを、ポジティブな感情に変換するのが、「礼」というブラックボックスである。

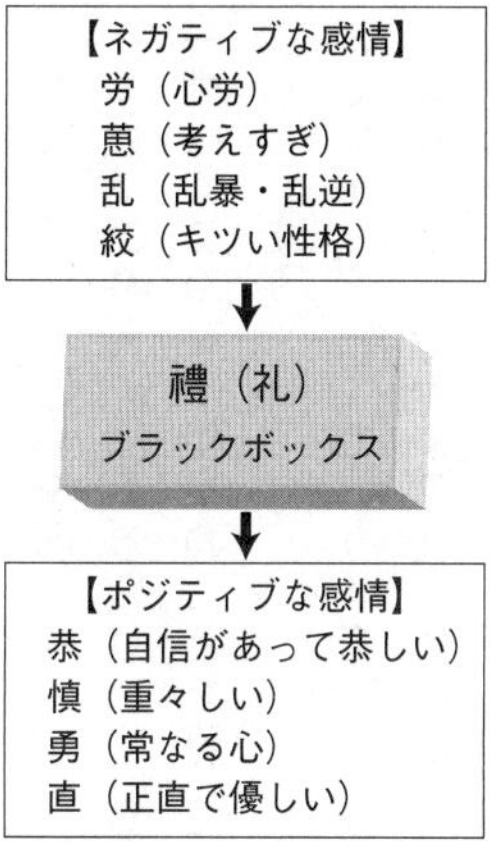

【ネガティブな感情】
労（心労）
葸（考えすぎ）
乱（乱暴・乱逆）
絞（キツい性格）

↓

禮（礼）
ブラックボックス

↓

【ポジティブな感情】
恭（自信があって恭しい）
慎（重々しい）
勇（常なる心）
直（正直で優しい）

▼「恭」と「労」

四種類の心的態度のうち、最初の「恭」と「労」については、少し詳しく見てみることにします。

「恭しい人」も、礼がなければ「労（心労）」になってしまう、そう孔子はいいます。

子どものころから「人に接するときには礼儀正しくしなさい」と親から厳しく躾けられて育った子がいます。大人に対してはもちろん、友だちに対しても丁寧な言葉使いをするように教えられる。そんな風に人人になった人は、恭しくて品のある人になります。

でも、友だちに対しても丁寧語しか使えないので、友だちからは「この人は自分に対して心を開いてくれない」と敬遠されてしまう。友だちだけでなく、仕事の関係者からも「こいつはただの慇懃無礼(いんぎんぶれい)なのではないか」と思われてしまったりする。そんな風では恋人もなかなかできない。子どもができても、子どもに対しても心が開けないので、子どもも心を開いてくれない。

でも、この人にはその理由が理解できません。

「自分はこんなに相手のことを思って接しているのに、なぜみんな私に冷たいの」と悩んでしまう。

それが『論語』でいう「労」、すなわち心労です。

この人は、いわゆる礼儀作法はちゃんと身につけているのですが、その人が身につけた礼儀作法は、「こうすべきだ」というマニュアルとしての礼であり、それは本来の意味での「礼」ではありません。

この人が本当の「礼」を身につけたとき、「労」は解消して本当の「恭」になるのです。

▼「恭」——自ら立つ

では、本当の「恭」とはどんな状態なのでしょうか。

「恭」は日本語では「うやうやしい」と読んで、他人に対する態度として使われますが、孔子は「其の己れを行なうや恭」といいます。もともと「恭」は自分に対する態度・行動をいったのです。

「恭」は古い字体では「龔」と書きます。「共」の上に「龍」がいます。

「共」は何かを持ち上げようとする二つの手（　）です。二つの手で持ち上げているものが「龍」です。金文には次のように書かれます。

また、殷の時代の金文には次のような字もあります。

白川静氏は、「龔」を「龍形の呪器を奉ずる儀礼」を示す字だといいます。古代には御龍という龍を飼育する一族がいたので、想像を逞しくするならば、もともとは本物の龍を捧げるという意味だったのかもしれません。そして、そこから聖獣、龍を

（恭・龔）

（恭・龔）

捧げるときのような態度、あるいは龍形の呪器を捧げるときのような態度としての「恭しい」という意味が生まれました。

このような態度でいれば、何をしなくても国は自然に治まる、そう『論語』にはあります。聖王、舜は国を治めるときには何もしなかった。「無為」で治めた。ただおのれを「恭」にして南面していただけだ、というのです。

子曰わく、無為にして治まる者は、其れ舜か。夫れ何をか為さんや。己を恭にして正しく南面するのみ（衛霊公5）。

中国では王は龍で象徴されます。これは龍をトーテム（部族の来歴、信仰の根拠）とした民族の名残でしょう。自分の一族の聖獣である龍に敬虔に帰依し、それに儀礼的身体による礼を尽くすことによって、自分自身が龍と一体化し、そして龍として持ち上げられる、それが「龔（恭）」の原義かもしれません。地位や名誉、金銭という何かに支えられているのでもなく、また部下などの誰かに支えられているのでもない。ただ自己で自己を支える。孔子は「礼を学ばなければ立つなし」といいました。礼は「立つ」ためのものです。そして「立つ」とは、自分以外の何にも寄りかからず立つ

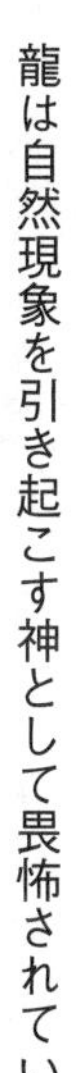

龍は自然現象を引き起こす神として畏怖されていた

この甲骨文の中には龍がさまざまな姿となって自然現象を引き起こすさまが描かれている。

「雲」の字は、雲の下から龍の尾が出た姿として描かれる。

龍が舌を出してぺろぺろと河水を飲む形。現在の漢字にすれば「飲」。龍の飲水による河水の枯渇は、農業に大きな影響を与えた。

「虹」の字は、双頭の龍の姿として描かれる。

訳：王が占って言った。「祟りがあるだろう」と。その占いの通りに八日後の庚戌の日に客雲（神格を帯びた雲）が東からやって来て真っ暗になった。午後には龍はその姿を虹に変えて北から再び出現し、舌を出して河で水を飲んだ（白川静氏と李學勤氏の訳を参照）。

こと、すなわち自立です。

自分を支えるものは龍身としての自己です。

誰が見ていようがいまいが関係ない。龍や神に対する「恭」で、自分自身を支えて正しく南面する。そうすれば無為で世を治めることができる、そう『論語』は教えます。

そして、そのように本来自分に対する態度・行動である「恭」が、他人に対して取られたとき、日本語でいう「恭しい」という謙譲の美徳を具えた姿となって自然に現れる。他人だからとか、目上だからとか、相手が偉い人だからとか、そういう理由で恭しくしているのではない。毎日、自分に対して「恭」で接するクセがついているから、他人に対しても自然にそうなる。それが「恭」なのです。

ですから「恭である」という状態を作り出すことは一朝一夕にできるものではありません。「恭」をインスタントに実現しようとすると、見せかけの「恭」になってしまいます。ただの恭しさや謙譲は、心の底から出たものではないので、それを続けていれば「労」、すなわち心労になってしまうのです。

孔子の性格は「温和でいながら、厳しい。威儀はありながら、猛々しくはない。そして『恭』でありながら、ゆったりしている」（温にして厲し。威にして猛ならず。恭しくして安し〔述而37〕）と書かれています。「恭」でいながらゆったりしている、それが本当の「恭」であり、それを実現するには「礼」が必要なのです。

▼「慎(しん)」と「葸(し)」——威厳を持つ

次に『論語』があげるのは「慎」と「葸」です。

「何かをするときには慎重にしなさい」

これも親が子どもによく与えるメッセージです。

私が育ったのは銚子(ちょうし)市（千葉県）の海鹿島(あしかじま)という漁師町です。子どものころの遊びといえば当然、海。オヤツもオカズもみんな海に獲(と)りに行きます。五月になれば子どもたちは海で泳ぎ始めました。しかし、このごろの銚子の子どもたちは海で泳がず、プールで泳ぐそうなのです。聞けば「海は危ないから」と親が止めるという。

これは銚子だけの話ではありません。怪我(けが)をするからといって木登りすることを止めたり、転ぶからといって自転車に乗らせなかったり、女の子だからといってひとり旅をさせなかったり、そのほかさまざま。

「慎重」すぎる親たちは、「冒険をしよう」とする子どもの心を抑制します。そして、それがくり返されると自己規制の強い子どもになってしまいます。何かをする前に考えすぎてしまう、それが「葸」です。

「葸」には「考えすぎ」という意味のほかに、懼（おそ）れること、おどおど、びくびくすること、物思いに沈むことなどという意味もあります。いろいろ考えすぎて、おどおどびくびくになってしまい、ついには思いに沈んでしまうのです。

「こんなことを言ったら、相手にどう思われるんだろう」と考えすぎてしまって、言いたいことも言えなくなってしまう、それも「葸」です。授業中に間違えるといけないからといって手を挙げることができなかったりするのも「葸」だし、最初から「そんなの無理だ」と思って夢をあきらめてしまう、それも「葸」です。

ところが、そんな「葸（考えすぎ）」で苦しんでいる人が、礼を身につければ、本当の「慎」になります。

『論語』における「慎」は、重くてどっしりしたイメージを持つことは前にも書きました。「慎」の右側の「真」に金を付けると「鎮」になり、「文鎮」とか「鎮（しず）める」とかいう語を生み出します。

「葸」の人が礼を身につけると、どっしりした威厳のある人になることができるのです。

▼「勇」と「乱」――変わらない心を持つ

次は「勇」と「乱」。

『論語』で「勇」といえば「義を見てせざるは勇なきなり」（為政24）という句が有名です。しかし、これはもっとも誤解されている句のひとつでもあります。

この句は、「悪いことをしている人を見て注意しないのは勇気がないからだ」とか、「正義とは何かを知りながら実行しないのは勇気がないからだ」というような意味で今は使われています。しかし本当はまったく違う意味です。

『論語』の本文はこの句の前に「その鬼に非ずして祭るは諂うなり」とあります。自分が祭るべき祖霊（鬼）でもないのに祭るのは諂いである、という意味です。「義を見て」の「義（𦍌）」は、生贄のための羊が、正しく截られ、何らの欠陥もなく神意にかなうことを表した文字です。

貝塚茂樹氏によれば、孔子の時代、魯の国ではさまざまな新興宗教が流行して、時の権力者もそれらを信仰していたそうです。いくら流行している宗教だからといって、自分の祭るべき祖霊以外のものを祭るのは「義」、すなわち正しい信仰に反する。

𦍌（義）

「権力者の意志に反して新興宗教を断固として排斥することが、たいへん勇気を要した」と貝塚氏は書きます。そんな文脈の中での「勇」です。

「勇」の字は金文では次のように書きます。

いまの漢字に直せば「甬」の字です。「勇」の字の下にある「力」が金文にはありません。この字は「用（甬・用）」の金文とほとんど同じです。「用」は「庸（つね＝常）」に通じます。

「勇」とは常なる心、「変わらない心」です。

常なる正しい信仰を変えずに持つ。それが「勇」です。

何が正しい信仰（義）であるかを知らない人ならともかく、自分は知っている。それを知っていて、守らないのは「勇＝庸（変わらない心）」に反する。世の中の流行で信仰が変わっても、自分は正しい信仰を守る、そんな孔子の信仰宣言がこの言葉から高らかに響いてきます。

孔子が生きていた春秋時代末期も（そして現代も）価値観がころころと変わってしまう時代です。何を信じていいのかわからない。だからこそ、ころころ変わる表面的な似非(えせ)真理ではない、本当の「義」を知る、そしてその義に従う「勇」が求められています。

しかし、変わらない「勇」は、単純さ、あるいは妄信の裏返しでもあります。さまざまな妄信は、国をも傾けるほどの反乱を生みます。

「乱」という漢字は旧字体では「亂」と書き、古い字体では次のように書きます。

「」の、左の真ん中（）は糸巻きです。赤塚忠氏らの『新字源』によれば、右にぴろっと出ているのは糸巻きから出た糸。左の上下（と）はふたつの手です。絡(から)まった糸を解(ほど)こうとして、よけいにぐちゃぐちゃになってしまう形が「乱」の字です。

乱を起こす人は、自分が反乱しているという気持ちはありません。世の中をよくしよう、世直しをしよう、そう思って行動する。しかし、それが結局は余計に世の中を

（勇）　・（用）　（乱）

（乱より、＝糸巻き）　・（乱より、＝ふたつの手）

ぐちゃぐちゃにしてしまう、それが「乱」なのです。

普段の生活や、人生でもそういうことは多いでしょう。よかれと思ってした、ちょっとしたことからボタンの掛け違いが起こり、そしてそのボタンの掛け違いから大きなもつれが生じてしまい、結局はぐちゃぐちゃになる。そんな風になってしまった後ではもう遅い。何とかしようとすればするほどめちゃくちゃになってしまいます。むろん本人に悪気はない。ボタンを掛け違えたときから悪気はなかった。ほんのちょっとした過ちだったのです。

ですから、そんな人が礼を身につけると、そのめちゃくちゃな状態が「勇」に変わる。とても大変な状況を体験した人だからこそ、貝塚氏のいう「権力者の意志に反して新興宗教を断固として排斥する」ほどの勇気を身につけることができる。

そして、どんな逆境にもめげない、常なる心を持つ人になることができるのです。

▼「直」と「絞」——本当の正直

最後に対比されるのは「直」と「絞」です。「直」とは正直、素直をいいます。しかし、孔子のいう「直」は、ただのまっすぐな正直や素直とはちょっと違います。

葉の国の公（王）が、自国の正直者のことを自慢して孔子にいったことがあります。

「わが国には正直者の躬(きゅう)という者がいる。彼の父が羊を盗んだが、息子である躬は、父の悪事を証言したのである」

しかし、孔子はいいます。

「私の村の『直（正直）』は、貴国のそれとはちょっと違います。父は子のために、子の悪事を隠しますし、子は父のために父の悪事を隠します。隠すという行為そのものはむろん『直』ではありません。しかし、その中にこそ直がある」、そう孔子は答えるのです。

葉公、孔子に語りて曰わく、吾(わ)が党に直躬なる者あり、其(そ)の父羊を攘(ぬす)みて、子これを証す。孔子曰わく、吾が党の直(なお)き者は是(これ)に異なり。父は子の為(ため)に隠し、子は父の為に隠す。直きこと其(そ)の中に在り（子路18）。

ただのバカ正直は人を傷つける。孔子はそれを「絞」といいます。「絞」とは『説文解字』には「縊(くび)るなり」とあります。首を絞めることです。

「本当のことといって何が悪いの？」といって、人を傷つけることをずけずけいい、それでよいことをしたと思い込んでいる人がいます。

それが「絞」です。

童話『裸の王さま』で「王さまは裸だ」と叫んだ子どもは英雄になりますが、しかし国民から笑われ、傷つけられた王さまは二度と立ち上がれないほどの傷を得てしまうでしょう。そんな王さまが治める国はどうなってしまうのでしょうか。

本当のこと、すなわち事実だけを重視し、それを正直に表現することがもっとも大切だと信じられている国では「本当のことをいって何が悪い」とさまざまな障害を持つ人を傷つけ、汚い、臭い、無能力だといって弱者を排斥します。社会がそうなのですから、子どもの世界でイジメや言葉の暴力が横行するのは当たり前です。

そして「絞」の人自身も、結局は人から疎まれ、嫌われ、敬遠されます。自分で自分の首を絞めてしまうのです。しかし、本人はなぜ自分が嫌われ、敬遠されるのかわかりません。自分は正しいことだけをしているわけですから。

そこで必要になるのが、またまた「礼」なのです。「絞」の人が礼を身に付けて、はじめて本当の正直な人、すなわち「直」の人になれるのです。ウソはつかず、しかも人の気持ちもよくわかる。それが「直」の人です。「直」の人ならば、人から好かれ、その周囲には人が集まります。

▼礼とは鬼神と交信するための儀礼だった

『論語』ではこのように、似通っていながらもまったく違ってあらわれるふたつずつの心的態度を示し、その差を作るものは「礼」であるといいます。

では、そんな礼とはいったい、何なのでしょうか。

礼を扱った章は約五〇〇章の『論語』のうち四二章を占めます。一割弱ですから、かなり多い。でも、それらの中に「じゃあ、礼とは何か」ということをすっきりと説明した章はありません。しかし、『論語』の中の礼を扱った章を丁寧に読んでいくと「礼」とは何かということがだんだんと浮き彫りになってきます。

というわけで『論語』の中の礼を扱った章を読みながら、礼とは何かということを考えてみたいと思うのですが、最初に、わたしたちがいま使う「礼」のイメージと、孔子時代の人が「礼」に持っていたイメージとの違いを見ておくことにしましょう。

孔子時代の礼は、いま私たちが使う礼儀作法の礼に留まらない、もっと大きな概念を持ったものでした。

古代の礼には三つの性格があります。（１）神霊と交信するツールとしての礼、

（2）人間同士のコミュニケーションを円滑にし、人を動かすための礼、そして（3）自他を変容させる通過儀礼としての礼の三つです。

このうち最初の神霊と交信するツールとしての礼が、「礼（禮）」という漢字を生み出しました。

礼の旧字体は「禮」です。しかし、甲骨文にも金文にも「禮」という字はありません。右側の「豊」だけがありました。「豊」がそのまま「禮」なのです。

この字は、神さまに捧げるために神饌を台（＝豆）の上に置く形を現します。台の上には玉や禾穀などの供物が載せられています。また「豊」に「酉（酒）」をつけると「醴」という酒を表す漢字ができあがります。甲骨文や金文では「豊」は「醴酒」という意味にも使われます。「醴酒」とはお祭りに用いられる酒の名です。

中国古代の詩集である『楚辞』の「九歌」の最初の詩には、太陽神である東皇太一の祭祀の模様が美しく描かれますが、そこで酒は、香りや光とともに神霊を地上に招くために重要な役割を果たしています。インドの神酒ソーマは、神々や人間に栄養と活力を与え、寿命を延ばし、霊感をもたらす霊薬です。ソーマは祭祀において高揚感や幻覚作用をもたらしたといわれますが「醴酒」にも同じような力があったのでしょう。

　幻覚酒である醴酒や供物を捧げて、神や先祖の霊と交信する、それが礼の原義です。

「禮」という漢字（旧字）には「豊」に「示（しめすへん）」がついています。「示（　）」は、生贄台（いけにえだい）（　）の上に生贄を載せた形です。生贄から、だらだらと血が流れるさまを表した字体もあります（　）。生贄は、動物のこともありましたが、羌人（きょうひと）などの人間が使われることも多くありました。

　神霊との交信は、最初は神の言葉を聞くことから始まったのでしょう。「示（　）」の台の上に置かれる生贄は神意を問うためのものです。醴酒もそれによってエクスタシー状態になり、神の言葉を聞くためのツールです。生贄や醴酒を駆使したさまざまな儀式を通じて、人は神の言葉を聞き、やがて、人間の祈りを神に届けようという欲求が生まれ、そこに神霊とのコミュニケーションが生まれます。

　うまくいくことも、いかなかったこともあったでしょう。気の遠くなるほどの長い

（豊＝禮＝礼）　（示）　（示）

年月をかけた試行錯誤ののちに、もっとも効果的に神と交信する術(すべ)を記憶するようになり、その技法の集大成が伝承としての「礼（禮）」として定着していったと思われます。

孔子の時代の漢字の「礼（禮）」は「[illegible]」に近い形で書かれていました。孔子時代には「礼」というとき、原初的なこの「豊」のイメージが、まだまだ強く残っていたに違いありません。

▼魔術としての礼

神霊との交信ツールであった礼は、やがて人間社会にも応用されるようになり、人間同士のコミュニケーション・ツールになります。現代の礼に近くなったわけです。しかし、そうなってからでも礼には神霊とのコミュニケーション・ツールとしてのイメージが残り、それはむしろ、「魔術」に近いものとして受け止められていました。

孔子時代の礼は魔術でした。礼が魔術だということを身近な例で説明しましょう。

たとえば遠くに、あなたのカバンがあって、それを取りたいとします。その近くに知人がいる。彼に向かって丁寧なコトバで「それを取っていただけますか」という。

するとと彼はカバンをここまで持ってきてくれます。

この「丁寧なコトバ」というのが、ひとつの礼です。

自分が使ったのは「声を発する」という非常に微小なエネルギーだけです。しかし、友人はカバンを持ち上げ、さらにここまで運ぶという膨大な運動エネルギーを駆使して、カバンという物体をここまで運んでくれます。

彼我のエネルギーの差を考えてみれば、礼はまさに魔術だといえるでしょう。

額に青筋を立てて「うーん」と念力を使って物体を動かす練習をするよりは、ずっと簡単に、そしてより確実に物体を移動させることが可能なのです。

「なんだそんなことか」と思うかもしれませんが、最初にこのことを発見した人は驚いたに違いありません。あなたが飼っている猫が、近所の犬に対してそんなことをやっていたら驚くでしょう。ネアンデルタール人だって、こんなことはしていなかったに違いない。社会的言語を獲得したホモサピエンスに至ってはじめて獲得した魔術、それが「礼」だったのです。

▼自他を変容させる通過儀礼

「人を動かす力」、「神霊と交信する力」としての礼は、社会の中では自他を変容させるための通過儀礼として発展していきました。現代でもそれは、結婚式や入学・卒業式、成人式などのさまざまな儀礼として残っています。

孔子は自分の子である伯魚(はくぎょ)に「礼を学んだか。もし礼を学ばなければ立つことができない」と言いました。『論語』の最終章にも「礼を知らなければ立つことができない」とあります。礼は「立つ」ために不可欠なものなのです。

「立つ」とは自立です。

生まれてすぐに立つことができない人間は、依存的な存在です。その依存性を抜け出し、自立するために必要なのが「礼」なのです。

自立には二つの段階があります。ひとつは大人になる段階、そしてもうひとつは自分の意志で未来を切り開く人間になる段階です。

最初の段階は、子どもの身体性や、子どもの精神性を脱して、大人の身体性、精神性を獲得するという意味での自立です。

イヤなことがあればやめてしまう、つらいことがあったら逃げ出す、そんな子どもの身体性、精神性を脱する、それが自立の第一段階です。「命(めい)」の世界に対して逃げずに、それを受け入れる段階、それが自立の第一段階です。この段階を脱した人が、はじめて「大人」と呼ばれ、大人社会の一員と認められます。過酷な共同作業に従事することができるようになり、敬語を使うことができるようになり、大人としての挨拶をすることができるようになり、そして自他の言動に対して責任を取ることができるようになります。

「礼」はこの段階の自立を促します。少し前の社会には、ほとんどすべての社会成員が、この段階を経ることができるように、通過儀礼がシステムとして残されていました。あるいは日常生活の中でも、さまざまな機会で礼が教えられてきました。

しかし、戦後の日本は効率性を重視し、そのような礼をむしろ古くさいものとして軽視したり、あるいは「大人なんかにはなりたくない」という若者文化を（大人が）流行(はや)らせたりして、礼を排除してきたために、大人の身体性、精神性を獲得した人は極端に少なくなりました。大衆だけでなく、政治家や経済人の中にも大人は少なくなりました。日本はいつの間にか子ども中心の社会になったのです。

自立の第二段階は自分の意志で、自分の未来を切り開いていく人間になるための段階です。これが『論語』のいう「心」の段階で、この段階を経た、あるいはそれを目指す人を、孔子は「君子(くんし)」と呼んだのではないかと私は思っています。

ここに至る道は、通過儀礼のように社会システムとしては整っていません。選ばれた人だけが到達できた段階だったのでしょう。

この境地に至ることができるのは、自立の第一段階を通過した人だけです。土台がないのに、その上に何かを構築しようとすると、とても危険です。しかし、現代は第一段階を通過していない人に対しても、「本当にしたいことを見つけなさい」とか「自分の頭で考えなさい」という自由意思を助長するような教育をします。少ない経験で得た極端に偏った選択肢の中から本当にしたいことを見つけたり、頭で理解しただけで、きちんと身についていない知識を使って考えたりするなどということは不可能です。

孔子はいいます。

「事前にちゃんと注意せずに、ただそのできあがりだけをチェックするのを『暴』という」（戒めずして成るを視る、これを暴と謂う〔堯曰4〕）。

自由意思を使うことをすすめる前に、まずはちゃんと大人にさせる、それが必要なのです。そうしないと、その人の心は参ってしまいます。

この自立の二段階と「礼」と「心」との関係は、私たちの心を考えるときにも役に立ちます。

私たちが心を何とかしたいと思うときには二種類あります。ひとつは悩みや悲しみや喪失感を何とかしたい。マイナスになってしまった心をまずはゼロに引き上げたい。すなわち心への消極的アプローチです。

そんなときには「礼」が役に立ちます。

もうひとつは心への積極的アプローチ。自分の意志を使って、与えられた運命を変え、さらに大きな未来を切り開きたい、そんなときには「心」を使います。

『論語』は、その両面の心の使い方を扱った本であり、そして孔子は人々に「苦しい心は礼を使えば楽になるし、与えられた運命だって心を使えば変えることができるよ」ということを教え続けた人だったのです。

▼「曲礼（きょくらい）」の発生以前

さて、現代は自他を変容させる、通過儀礼としての礼の多くは形骸化（けいがいか）してしまっているように見えます。しかし、通過儀礼より前に消えてしまったのが、神霊と交信するための礼です。

日本にもイタコやユタ、ノロのような神霊と交信する力を持った人々が残っています。しかしその数は確実に減少しており、またその力も弱まっているようです。沖縄のユタの中には東京へ出てきて占いのようなことを生業（なりわい）とするようになった人もいますし、奄美（あまみ）大島のノロはほとんど壊滅状態のようです（姫田忠義『奄美のノロのまつり』

〈DVD、紀伊國屋書店〉など）。

神霊と交信するための礼は時代とともにその存在を忘れられていき、人を動かす力としての礼と通過儀礼としての礼だけが残り、現代では「礼」といえば、これだけを指すようになっています。人間関係を円滑にするための礼です。

この礼にはさまざまな細則ができ、やがてマニュアル化されます。それを「曲礼（きょくらい）」と呼びます。

五経のひとつ『礼記（らいき）』という本の「曲礼篇」にはさまざまなマニュアルとしての礼が書かれています。それらは、もとは手本となる人物の言行を記したもので、『論語』の中にはマニュアル化される以前の曲礼の萌芽（ほうが）をいくつも見つけることができます。

いくつかあげてみましょう。以下は孔子のふるまいとして『論語』の中に記されているものです。

・君子から命じられたときには、車馬を待たずに出かけられた（郷党（きょうとう）17）。

・国の霊廟（れいびょう）の中では、儀礼についてひとつひとつ質問された（郷党18）。

・色が悪くなったもの、匂（にお）いの悪いもの、煮かたのよくないもの、季節外れのもの、切り方のよくないものなどは食べなかった（郷党8）。

・食事のときには「語る（議論する）」ようなことはしなかったし、横になってからはおしゃべりをしなかった（郷党８）。
・眠るときは死体のような姿で寝ることはなかったし、普段のときはことさら容づくったりしなかった（郷党20）。

孔子が弟子たちに「こうせよ」と命じたわけではなく、「先生はこんなときにはこうした」という孔子の態度や行動が『論語』には、ただ描かれました。じっくり読むと、すべて現代でも通じます。上司から命じられても、ぐずぐずしている若い社員には、最初の「君子から命じられたときには、車馬を待たずに出かけられた」などはぜひ読んでほしいものです。クライアントに質問するのを怠ったために、せっかくの商談がダメになってしまった人は「霊廟の中では、儀礼についてひとつひとつ質問された」という孔子の態度から学ぶものがあるでしょう。こういったものを後世の弟子たちが「先生がこうされたのだから、それはよい方法に違いない」ということでマニュアル化していったのが曲礼です。

▼現代にも役に立つ「曲礼」

『礼記』の「曲礼篇」からもいくつか紹介しましょう。こちらはすでにマニュアル化された礼です。

・食事をしないときは席いっぱいに下がって座り、食事をするときには前いっぱいに座る。

・一つの皿からともに食べるときには、自分だけがたくさん食べてはいけない。ご飯をむさぼり食ったり、汁をずるずると流し込んだり、骨を齧(かじ)ったり、魚や肉の食べかけを皿に戻したりしてはいけない(魚をひっくり返してはいけない)。

・肉の煮込みに調味料を加えて味付けすると、主人は「自分の味付けが悪かったのでは」と恐縮するので、してはいけない。肉を噛(か)まずに飲み込んだり、主人の目の前で楊枝(ようじ)を使ったりしてはいけない。

・汁気の多い肉は噛み切り、乾(ほ)し肉は手で裂く。

・だらしない姿勢はいけない。しかし、あまり威張った姿で歩いてもいけない。

・人の会話の盗み聞きはしない。あまり大声で話してはいけない。

・人がふたりいるところへは、呼ばれもしないのに割って入ってはいけない。

・堂に上がっていこうとするときにはまず声を立てる。戸の外に履物が二足あるときは、中から声がしたならば入ってもいいが、声が聞こえないときには入ってはいけない。
・目上の人から物を与えられた場合は、遠慮せずに受けるがいい。
・長雨のときには魚は贈らない。
・相手の年齢が自分の倍だったら父に仕えるようにし、十年の年長だったら兄に仕えるようにし、五年の年長だったら肩を並べながらも少し下がるようにする。
・子どもに何かを教えるときには、欺(あざむ)いてはいけない（脅すような教え方をしてはいけない）。
・先生に従っているときは、道を隔てて人と話をしない。

これらも現代において役に立ちます。最初の「食事をしないときは席いっぱいに下がって座り、食事をするときには前いっぱいに座る」は、食事をしながらのミーティングなどのときに思い出すと、食事中は無作法にならず、またミーティング中はリラックスをして自由な意見が言えるようになります。

『礼記』「曲礼篇」には、このほかにもさまざまな曲礼が書かれています。ちなみに、

「弱冠」という語も『礼記』「曲礼篇」が出典です。

寺子屋で使われていた能の謡本の話を前にしましたが、ここにもさまざまな曲礼が書かれています。「道で貴人に会ったらどうやって挨拶をするか」、「お膳で出されたときの食事の作法」、「ご飯のお代わりはどうやってお願いするか」、「着物で麺を食べるときにはどうしたらいいか」などなど、こちらは絵付きで示されています。

現代ならばテーブルマナーとか、接客方法とか、そういうものに当たるでしょう。江戸時代の寺子屋では、こういったマナーを絵付きで、しかも謡を謡いながら古典とともに覚えていきました。まさに身体的な学び、「学（學）」です。

このほかにも人前でうまく話せないけどどうしたらよいかとか、人間関係をダメにしやすい人へのアドバイスとか、どうも自分は人から嫌われやすいがどうしたらよいかとか、仕事でミスばかりする人に対するアドバイスとか、そのようなものも曲礼に入ります。

こういう曲礼は非常に役に立ちます。

特に礼を知らない人が多い現代、ちょっとでも礼を身につけていると、それだけで一目置かれるようになります。若者ならば、なおさらです。

▼まずはやってみる

曲礼は、役には立つのですが、しかし問題もあります。

ひとつは、その通りにやってもうまくいかないことがあるということ、そしてマニュアルとしての礼に頼っていると際限なくマニュアルが必要になってしまうということです。

ひとつめの、マニュアル的な曲礼をやっても、うまくいかないという場合には、さらにふたつの可能性が考えられます。

ひとつは、やっていない。実はこれが一番多い。

人間関係を改善しようと思って書店の自己啓発本が置いてあるコーナーに行って、これはと思う本は買った。ちゃんと読んだ。でも、あまり効果がなさそうだからやらない、そういう人はかなり多いものです。あるいはちょっとやっただけで投げ出してしまう。そういう人も、やらない人と大差ありません。

「学」の最初に、まずは行動が大切だということをお話ししました。「信」が大切だということも孔子は書いています。そこに書いてあることを信じて、まずはやってみる。少なくとも三ヶ月は続けてみる。

最初はうまくいかないかもしれません。また、やればやるほどうまくいくというものではありません。人の変化というものは、全然変わらない時期がある程度続き、「もうダメかも」と思ってあきらめようとしたときに、ふと気づくと知らないうちにうまくいっているという「非線形」の変化です。効果が出なくても、数ヶ月はやり続ける、それが大切です。そして、その第一歩としての「まずはやる」、そこからすべてが始まります。

▼「うまくいかない人」から「うまくいく人」への変換

しかし、どんなにやってもうまくいかないということはあります。たいていのことならば三ヶ月もやれば、ある程度の成果は見えるものです。それでもうまくいかない場合がある。それが、マニュアル通りにやってもうまくいかない二番目のケースです。

その場合は、その人自身が「うまくいかない人」である可能性があるのです。そういう人は、あらゆることがうまくいきません。何を試してもダメなのです。

なんて書いてしまうと身もふたもないのですが、しかしまずはこれを認めるところからすべてが始まります。つらくとも、まずは認めましょう。

会社の朝礼や結婚式のスピーチなどを、スピーチ集に書いてある通りに行なう人がいます。その人は、まずその時点で「うまくいかない人」である可能性が大です。そして、ほとんどの場合、実際にうまくいきません。

ちょっと考えればわかるはずです。

スピーチ集を書く人はスピーチが上手な人です。緩急も「間（ま）」も自由自在に操れる人です。そういう人が、「自分だったらこう話す」ということをイメージして書いたのがスピーチ集です。そんな高度な内容を、スピーチが苦手な人が真似（まね）をしてもうまくいかないのは当たり前です。

スピーチ集に書かれていることを上手に運用するためには、声質や強弱、緩急、間などを訓練する必要があります。身体を実際に動かす学び、すなわち「学（學）」が必要なのです。そのような努力をせずに、ただ本をそのまま読んで何とかしようとする、そこに間違いがあります。

マニュアルとしての曲礼もこれと同じです。人間関係の機微やコツのようなものを摑（つか）んでいる人が曲礼を読んで実践すれば、それはすごい力を発揮します。しかし、それ以前に人間関係がうまくいかない、という人が曲礼を読んでそのまま行なっても、周囲からは「どうしたの、急に？」などと言われてしまうのがオチです。

孔子学団では「礼」は「学」の一環です。「学」とは体で学ぶことです。実際に身体を動かしながら曲礼を学ぶ。だからこそ、それが使えるようになるのです。

孔子学団では、神霊と交信するために舞を舞ったり、さまざまな通過儀礼の実修をしたり、実際の人間関係に苦労しながら、このような曲礼を身につけていきました。そんな様子が『論語』からは読み取れます。

どんなに詳細に接客マニュアルを読んでも、また自己啓発の本を読んでもなかなかうまくいかないという場合は、まずは自分の身体性や精神性をもう一度見つめなおしてみる必要があります。

「うまくいかない人」から「うまくいく人」への変換、そのために孔子は「如」ということを提唱しています。

▼「如」＝うまくいく人になるためのキーワード

「うまくいかない人」が「うまくいく人」になるためのキーワードは「如」です。

「如」は「ごとし」と訓じ、「まるで～のようだ」と訳します。そのようであること、そのようになること、それが「如」です。人間関係でいえば「相手と同じような立場に立つこと」です。

たとえばファミレスでバイトをする。お客さんに飲み物について尋ねられたら、

「飲み物はドリンクバーにございます」と伝えるように教えられます。しかし、もし、ドリンクバーを使ったことがないであろうお年寄りが来たら、「ひょっとしたらドリンクバーという言葉も聞き取りづらいのではないか。使い方がわからず困るのではないか」ということに思いがいたり、そこに連れて行って使い方を教えてあげたほうがよい、そんなことに気づくのが「如」です。

「如」の下に「心」をつけると「恕」という言葉ができます。恕は「思いやり」と訳されます。孔子がもっとも大切にした徳目のひとつです。

子貢がある日、孔子に「たったひとことで、一生行なうことができる言葉がありますか」と尋ねました。それに対して孔子は「それは恕だ」と答え、そしてその後に「己れの欲せざる所、人に施すこと勿かれ」という有名な句を続けます。

「恕」とは一生行なうべき徳目なのです。

> 子貢問いて曰わく、一言にして以て終身これを行うべき者ありや。子曰わく、其れ恕か。己れの欲せざる所、人に施すこと勿かれ（衛霊公24）。

「恕」は「如」の下に「心」がついた言葉なので、「相手の心の如くになる」ことです。現代のカウンセリングで大切にされる「共感（empathy）」も「恕」です。「恕」こそがマニュアルを超える力です。「こんなことをいったら、相手はどう思うか」ということが想像できる人と、できない人がいます。曲礼を使ってうまくいく人は、それが想像できる人です。「恕」、すなわち相手の気持ちの如くなれたとき、曲礼は本当の力を発揮します。

子貢の質問に「以て～すべき（可以）」という言葉があることは注意したいところです。「可以」は英語でいえば「can（～できる）」です。たったひとことだけで一生なんとかやっていくことができる、そんな言葉を子貢は聞きたかった。何を忘れてもいい。そのひとことだけで一生生きていける、そんな珠玉のような言葉が「恕」なのです。

▼如とは「実在」である

恕は「思いやり」と訳されますが、この言葉さえあれば一生やっていけると、孔子がいうほどの言葉ですから、「思いやり」というような訳語ですまされるほど簡単な意味ではないということは明白でしょう。いや、それ以前に「恕」という漢字が孔子の時代にはなかったのです。孔子は子貢の質問に対して「恕」とは答えなかった。

では、何と答えたか。

「恕」から心を取ってみると、「如」になります。うまくいく人になるためのキーワード「如」です。「如」ならば孔子の時代にもあります。「如」は、「まるで～のようだ」というのがその意味であり、「相手と同じような立場に立つこと」だと書きましたが、これも本当はそんなに簡単な問題ではありません。

『論語』の中の次の文を見てみましょう。

「御先祖のお祭りには御先祖がおられるようにし、神々のお祭りには神々がおられるようにする。先生はいわれた、『わたしは〔何かの事故で〕お祭りにたずさわらないと、お祭りがなかったような気がする。』」（金谷治訳）

> 祭ること在す（いま）が如くし、神を祭ること神在す（いま）が如くす。子の曰わく、吾れ祭に与（あずか）らざれば、祭らざるが如し（八佾（はちいつ）12）。

「在すが如くし」を、「御先祖がおられるようにし」と訳すのは、正しいけれどもちょっと弱い。これでは「本当はご先祖はいないのを知っているけれども、あたかもいるようにお祭りをしている」という風に読めてしまいます。

しかしそうではなく、ご先祖はそこにいる。「実在」するのです。それは「如」という語が自ら語っています。

▼如とは一体となること

「如」は「女」と「口」でできています。「如」の古い字形を見てみましょう。

跪く女性の横に「口」があります。甲骨文字において「口」は、神の言葉、すなわち神託を表します。しかし、なぜ女なのでしょうか。これを考える上で参考になるのは「若」という字です。

「若」も「如」と同じく「〜ごとし」と読まれ、古代の音はほとんど同じです。「若」の古い字形を見てみましょう。

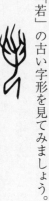

これも、やはり女性が跪いた姿です。ただし、こちらの女性は髪を振り乱し、両手を挙げています。神憑りした巫女の姿です。

「両手をあげて舞い、神託を受けようとしてエクスタシーの状態にあることを示す」と白川静氏は書き、「若し」と読むのは、「エクスタシーの状態になって神人一如の境にあることからの引伸義であろう」と言います。「神人一如」とは人が神のように振舞ったり、扮したりすることではなく「神と人とが一体となること」です。

孔子のいう「在すが如し」というのは、そこに神や祖霊がいるかのごとくに祭るのではなく、実在としての神や祖霊とともに祭礼を行なうことなのです。

それが徳目となったときにも、「如」とは、相手のごとくになることではなく、相手とまさに一体になることであり、また「恕」とはただ相手を思いやることではなく、相手の心と自分の心とが一体になることなのです。

それは、トレーニングなどという近代的な手段ではなく、「学（學）」という過酷な稽古や、古代から伝わる祭祀や儀礼によって獲得されるものでした。

▼殷代の上帝祭祀

古代文字の「如」や「若」をイメージするために、ここで視野をぐっと拡大して古

（如） 　（若）

代の祭祀に思いを馳せてみましょう。古代の祭祀は、神の実在を実現するために行なわれていたので、「如」とは実在であるということがより深くわかるようになるでしょう。これから少しの間、『論語』から離れて、甲骨文を読んでいきます。

古代中国最大の祭祀は上帝の祭りです。上帝とは、すべての神を統べる殷代最大の抽象神でした。『論語』に出てくる「禘」が上帝の祭りではないかと思われます。

ある人が「禘」の説（意義）を孔子に問いました。孔子は「知らない」と答え、「それを知っている人がいたら、天下のことなど、ほら、ここに見るようなものだよ」といって自分の手のひらを指したといいます。それほどにすごい祭祀なのです。

> 或るひと禘の説を問う。子の曰わく、知らざるなり。其の説を知る者の天下におけるや、其れ諸れを斯に示るが如きかと。其の掌を指す（八佾11）。

「禘」の祭りがどんな祭りだったか、いまは伝わっていません。しかし、甲骨文字から殷の時代に行なわれていた上帝の祭祀を再現するという試みがなされているので、そこから「禘」の祭りを想像してみることにしましょう（赤塚忠『中国古代の宗教と文化』〈研文社〉に拠る）。

殷の王は「**予祝**（よしゅく）**する王**」です。

予祝とは、未来の豊穣（ほうじょう）を「予（あらかじ）め祝し」てしまうことによって、その豊作を神に約束させてしまうことをいいます。そして、そんな力を持ったのが「**予祝する王**」です。未来をあらかじめ祝す、そんなことができる人は「人」ではなく、「神」です。

日本の天皇も**予祝する王**であり、大嘗祭（だいじょうさい）という儀式によって人である皇太子は「現人神（あらひとがみ）」である天皇に変容します。古代中国の上帝祭祀も、王が「予祝する王」、すなわち神と一如となるための、日本の大嘗祭にあたる儀式だったのでしょう。

さて、上帝への祭祀は、卜定（ぼくじょう）、すなわち占いからはじまります。どこで祭祀を行なうか、生贄（いけにえ）として捧（ささ）げるための狩猟の獲物の種類やその数、狩猟をすべき日、そういうことが占われました。

卜定の結果に従って実際に狩猟が行なわれ、所期の獲物を狩ると、祭りの庭が整えられます。祭りの庭には後ろに山を控え、そして前には水をたたえた土地が選ばれ、そこにはさまざまな仮宮が設営されます。

しつらえられた祭りの庭では、四方神や河の神を招くための儀式が執行されます。生贄はあるいは焼かれ、あるいは生のまま切り裂かれて、その生々しい血が絞り出されて神々に捧げられます。その生贄に招き寄せられて、四方から神霊が訪れます。

巫女や男巫（おとこみこ）たちによる呪術（じゅじゅつ）儀礼としての舞や歌も招神のために行なわれます。その舞い歌うさまをあらわしたのが「若（[illegible]）」という文字です。四方から招き寄せられた神霊たちは、同じく巫女や男巫たちによって、おのおのの神位に鎮座させられます。

河の神に対する儀礼も行なわれます。河神には生贄だけでなく酒を注いだり、衣を捧げたり、あるいは船を浮かべたりという招神儀礼も行ないます。

生贄として殺される動物たちの鳴き声や、さまざまな楽器の音に合わせて舞い謡う声、そして人々の喚声が、祭りの庭には響いていたでしょう。肉を焼く匂（にお）い、血の臭（にお）い、河神に注がれる酒の香りなど、さまざまな香りも満ちていたはずです。そして河に浮かぶ船の先には龍が、船尾には鳥が、彩（いろど）り豊かに飾られ、水に流れる錦（にしき）の衣や、舞人らの色とりどりの装束の色、そして生贄から流れる血の色も鮮やかに人々の目を楽しませたに違いありません。

殷代の祭りの庭は、人々と、そして何よりも王の五感を刺激して非日常の意識を作り出します。

右の甲骨文は狩猟の可否を占ったあとに、その日の獲物が記されている。獲物は以下の通り。

（狐）百六十四匹

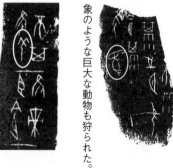

（麞）百五十九頭
のろ＝小型の鹿で角がない

（虎）一頭

（鹿）四十頭

象のような巨大な動物も狩られた。

羌族と呼ばれる人たちも狩られ、生贄として捧げられた。

さまざまな神々に対する儀礼が終わると、いよいよ上帝祭祀のクライマックスが訪れます。甲骨文では「」と呼ばれる祭儀です。

▼「将」——人間の生贄

この字の左側の「爿（）」を九〇度反時計回りにすれば、足がある台、ベッドになります。神前に置かれる几(き)です。そして、この几に載せられているのが「」、すなわち「人」なのです。よく見れば血も垂れています（三つの点）。

この字は、神前に置かれるベッドの上に、生贄としての人を寝かせ、そしてそれを殺して神に捧げることをあらわす文字です。

いまこの漢字は残っていませんが、かりに近い字を探すと「将（將）」になるでしょう。「将（將）」の左（爿）には神前に置かれるベッドがあります。右上の月は「肉」で「寸」はそれを持つ手です。あるいは、血の滴(したた)る生贄台（示＝）の上に肉（月＝）を手（又＝）で置くということを示す漢字「祭（）」と考えてもいいかもしれません。

さきに上帝祭祀の「卜定」で、神に捧げる生贄のための獲物を占ったと書きましたが、その狩猟の獲物の中には人間も含まれていました。特に「羌（きょう）」と呼ばれた異民族はよく狩られていたことが甲骨文からわかっています。

そのようにして狩った羌族の人々を、人身犠牲として上帝に捧げました。中でも彼らの骨を捧げる儀礼は重要です。占いに鹿（しか）の骨や亀（かめ）の甲羅が使われたのは、骨が不滅な霊魂が宿る場所だと信じられていたからだろうと赤塚忠氏はいいます。霊魂ならば人の骨の方が動物よりも強力です。

また、「骨凡（こつはん）」という熟語も甲骨文の中にはあらわれます。「凡（はん）（　）」とは、呪術によって神霊を来臨させることを意味する文字であり、風を招き、雨を呼ぶ儀礼であるということはすでに述べました（一六九頁（ページ））。それに骨がつく「骨凡」とは、人身犠牲の骨を捧げて、神霊を祭りの場に来臨させる儀礼です。

人を犠牲として捧げる「将（　）」の儀礼と、それに伴う「骨凡」の儀礼によって、上帝ははじめて祭りの庭に来臨するのです。

（将）　（爿）　（人）　（凡）

（月＝肉）　（又＝手）　（祭）

準備儀礼での生贄は牛や羊でしたが、上帝に捧げるのは「人」です。これを野蛮だというのは近代人の思考です。

レスピーギの交響詩『ローマの祭り』は「チルチェンセス」という曲から始まります。チルチェンセスは古代ローマ帝国における公開処刑の祭りです。古代ローマにおいて公開処刑は祭りのひとつでしたし、つい最近まで公開処刑が行なわれている国もありました。

同じ種である人間の生贄が殺され、神々に捧げられるさまに人々は熱狂し興奮します。上帝祭祀でも同じです。生贄や観衆の叫び声。刺し殺し、そして骨を暴(あば)き出すときの人血の臭い、それを神に捧げるために焼く際の香料の香り、渦巻くような音楽。そして異形の神々を象(かたど)る像。

王朝の祭祀はさながら神々の饗宴(きょうえん)であっただろうと想像されます。

王は、この儀礼を境に変容するのです。

王の性格は祭りの主祭者から、「主宰者」、すなわち神へと変わります。生贄を殺したとき、王は自分自身をも殺します。王は個人である〈私〉を捨てる。そこに〈私〉がないからこそ、神は王に降りてくるのです。神となった王は〈私〉の意識を捨てて、共同体の意志そのものとなる。私利私欲のために生きる私たちのような民衆ではなく、共同体の幸せのためだけに奉仕する聖なる存在になるのです。これまでのすべての儀礼は、王がそのような個人の意識を捨てて、共同体の意志そのものになるためのものでした。

だからこそ、この「[illegible]」礼の次に、降雨と豊穣とを予め祝う「予祝儀礼」を行なうことができるのです。

▼一体化の秘儀

予祝を保証するには、王自身が神になっていなければならない。生贄の殺戮によって王は人から神になります。

わざわざ人間の生贄を殺す理由を、不滅な霊魂が宿る場所である骨を上帝に捧げるためだと赤塚忠氏はいいます。むろんそれは正しいでしょう。

しかし、ここでひとつ妄想を許していただきたい。

あるとき、人の頭皮を張った太鼓を見せてもらいました。

すごかった。

その太鼓を見たとき、生贄に人間を使う理由は、赤塚氏のいうような「不滅な霊魂が」云々という抽象的な理由だけではないかもしれないと思いました。

その太鼓は、デンデン太鼓のような小さな太鼓です。もともとは太鼓の胴の部分も頭蓋骨(ずがいこつ)で作られていたそうです。殺戮した英雄の頭蓋骨で太鼓の胴を作り、その頭皮を張ると、その太鼓の音はすごい力を持つというのです。

中国古代の『山海経(せんがいきょう)』という幻想動物志に、一本足の奇獣「夔(き)」が載っています。甲骨文における夔は、猿の姿をした音楽神ですが、『山海経』では流波山に住む一本足の霊獣になっています。かの獣が水を出入りすると必ず風雨になる。その輝きは日月のようであり、その声は雷のようであった。黄帝(こうてい)がこの皮で太鼓を作り、雷獣の骨で打ったところ、その音は五百里に響き渡ったと書いてあります。

古代の楽器には人力を超える働きがありました。インディアンが頭の皮を剝(は)ぐというのも、それを太鼓に張るためではなかったかという人もいます。私が見た人の頭皮の太鼓も、そんな力を期待した楽器だったのでしょう。

「楽(樂)」の古い字は次のように書かれます。

白川静氏は「柄のある手鈴の形。白が鈴の部分」と書きますが、氏の「白」という漢字についての解説にはされこうべ、すなわち髑髏(どくろ)だと書かれています。「楽」の中

の「白（　）」と、「白（　）」の金文とはほとんど同じ字形なので、「楽」も頭蓋骨で作った太鼓を楽器台に載せた形だと見ることができるでしょう。

頭皮の太鼓を見せてくれた人は、昔は殺した英雄の顔の皮を面のようにかぶるという風習もあったと話してくれました。動物の頭部をそのまま仮面にすることはよく行なわれます。その動物の霊力を身につけんがためにです。本当に人間の顔の皮をかぶったかどうかを、話を聞いたときには確かめることはできませんでしたが、しかし祭礼において人間の生贄を使う理由を考えるには充分すぎるエピソードです。肉面をかぶるという「如」の秘儀があったのかもしれません。

能の伝説には、いわゆる「肉付きの面」の話なども伝わっています。

能といえば、『翁（おきな）』という曲では、舞台上で面をつけるのも不思議です。ふつうの能では面は舞台に出る前の楽屋、鏡の間という場でつけることになっています。

しかし、『翁』だけは違います。『翁』は豊穣を寿ぐ（ことほぐ）、予祝の芸能で、能にして能にあらずといわれ、他の曲とは聖別される特殊な曲です。『翁』においてその変容は舞台上でなされます。『翁』を舞う太夫（たゆう）は、直面（ひためん）、すなわち面をつけない素顔で登場し、

（楽）　（白）　（白）

舞台上で仮面をつけるのです。それによって太夫は神へと変身し、予祝の芸能を奏します。

『翁』の冒頭の謡は「とうとうたらり、たらりら」という日本語とは思えない詞章で始まります。「どうどうたらり、たらりら」と謡う流儀もあります。かつてこの詞章の意味を求めてチベットを放浪したときに叙事詩『ケサラ王伝説』の冒頭に語り手が「あらたらたらり（[チベット文字]）、たらりら」と歌うことを発見しました。チベットの人に意味を尋ねたところ「意味はない」といいます。これは神降ろしの呪言で、「あらたらたらり」と歌っているうちにケサラ王の霊が語り手に降りてきて、そしてケサラ王が憑いた語り手は、ケサラ王自身としてその事跡を語るというのです。

まさに「若（[甲骨文字]）」であり、「如（[甲骨文字]）」です（二三〇頁）。

殷代の上帝祭祀においては、その変身は人身犠牲に一撃を下すことによってなされました。となると、ひょっとしたら殷の王たちも生贄とした羌人たちの面皮を剝いでかぶることによって神への変身を果たしたのではないのかな、などと妄想してしまうのです。

『易経』に「王、有廟に仮（假）る」という卦辞があります（「萃」卦など）。

甲骨文・金文に現れた夔（き）

『山海経』には一本足の珍獣として描かれる夔は、甲骨文・金文では左のように書かれる。その特徴は……

・人のように足で立ち
・手で物を持って食べ
・尾を備える

すなわち猿形の神である。白川静氏は「手足を以て舞う神像の形」とする。常に一本足で書かれるために『山海経』のような伝説が生まれたのであろう。

『尚書』舜典には、夔が典楽に任命され、「ああ、われ石を撃ち石を拊（う）てば、百獣率い舞う」と自ら述べることが書かれる。夔一族は楽職を継承する氏族で、それがやがて音楽の神となったのではないだろうか。

夔と同系の語「夒（どう）」が俳優の「優」になるように、夔は芸能者の一族であり、また芸能の神でもあった。

わが国では能狂言が「猿楽（申楽）」と呼ばれ、狂言には『靭猿』や『猿聟』など猿の出る演目も多い。また、日本の芸能の始祖と呼ばれるアメノウズメの命の子孫が猿女君氏として古代より朝廷の祭祀に携わってきたり、一本足の神であるタタラ神と芸能との関係、あるいはからかさ小僧や山の神と芸能の関係など、夔と芸能に関する興味は尽きない。


「仮（假）」はふつう「いたる」と読まれますが、しかし「仮」の原義は「仮面」です。「仮」の音は「各（格）」にも通じ、神霊が降下することを意味します。この卦は、そのまま「工が、宗廟、すなわち先祖の御霊廟（みたまや）で仮面をつけ、神霊を降ろす」と読めないこともない。

霊廟で王が仮面をつけるとは、かなり怪しい。

さらに日本の神話がその妄想に拍車をかけます。

山幸（やまさち）に負けた海幸（うみさち）は、自分が

（若）　（如）

負けたさまを未来永劫演じ続ける俳優になることを弟、山幸に約束するのですが、『日本書紀』の一書によればそのときに赭（赤土）を掌と面に塗ったとあります。歌舞伎の隈取のようでもあり、能面の原始の姿を見るようでもありますが、赤土というところが怖い。血のようです。

能『鉄輪』でも憎い男や後妻を呪うために丑の刻詣でをする女に、貴船の神さまは「顔には丹を塗り、赤い衣を召せ」と告げます。丹も赤も血の色です。

能面のあの異常なほどのリアルさを、あれは面ではなくて人形だったからだという人もいますし、「蛙」という水死した人に使う面を最初に打った人は、水死体を横において打ったという話もあります。

▼主語のない人

さて、話があらぬ方向に飛んで行ってしまったので、そろそろ戻しましょう。

古代においては「如」、すなわち神の実在を実現するためには生贄を屠ったり、神酒を使ったりという極めてプリミティブな方法が取られていました。それをソフィスティケートしたのが「礼」です。しかし、いくら洗練していっても、その中に古代の精神は残ります。

古代祭祀で重要なのは〈自分〉の意識を一度崩壊させてしまうことでした。酒や生贄や音楽や色や、そして人牲すらも使って個人の意識をかなぐり捨てて、上帝と一体化しようとします。礼でも同じです。自分を捨てて、相手になり切る、相手と一体化するのです。

そこで大切なのは〈私が〉という主語を放棄することです。古代祭祀では、人は跪き、謡い舞い、エクスタシー状態になり〈私が〉という主語を放棄しました。〈私が〉という主語をなくすことによって、王は上帝に憑依される人間となるのです。

「空洞」の人です（八二頁）。

私が、私が、と思っている限り「如」は実現できません。人と接したとき、自分の主語を放棄し、その場の主語を自分以外にしたときにはじめて「如」も、そして「恕」も実現されます。

孔子は「述べて作らず」（述而1）といいます。「述」とは、古人の言動をなぞるという意味です。孔子は「古人のいった通りを行なったり、話したりしているだけで、創作などはしない」というのです。孔子も〈私は〉という主語をなくそうとしていた人なのです。

意識ある私たちには、〈私は〉という主語をなくすなんてことは簡単にできることではありません。だからこそ孔子は「夫れ仁者は己れ立たんと欲して人を立たせ、己れ達せんと欲して人を達す」(雍也30)といいます。日常における修行です。

この文の前に弟子である子貢は、孔子に「人々に広く施しができて、そして多くの人を救うことができるならば、いかがでしょうか。仁といえるでしょうか」と尋ねます。それに対して孔子は「そんなことができるのは聖だけだ」と答えて、「己れ立たんと欲して」云々の文を告げます。

広く施すとか、多くの人を救うというような抽象的なことではなく、いま目の前にいる人に対する着実な関わりこそが、私たちのすべきことなのです。古代の秘儀が失われた現代、その修行は王陽明のいうように「事上磨錬」、すなわち日常生活の中でのみ可能なのです。

▼ものまねの力

礼の修得のために、いくら主語を放棄する「如」が必要であるといっても、私たちは「心」を持たない殷の時代の人間ではありません。強すぎるほどの自我に苦しむ現代人です。主語や自我の放棄など簡単にできるものではありません。

「心」が生まれて五〇〇年経った孔子の時代も、すでにそうだったでしょう。そこで考えられた方法が身体的模倣、すなわち「ものまね」です。

『論語』「郷党篇」（第十）は、「礼」を考える上では重要な篇で、孔子のさまざまなふるまいが記されていますが、そこには郷里にいるときには「恂恂如（恭順なありさま）」であったとか、趨り進むときには「翼如（きちんと立派）」だったとか、公門に入るときは「鞠躬如（おそれ慎しんだありさま）」であったとか、「如」という語が多用されています（括弧内は金谷治氏の訳文）。本当にたくさんあります。

「如」は形容詞を作る助辞といわれていますが、今まで見てきたように本来はもっと身体的な意味でした。

たとえば公門に入るときの「鞠躬如（おそれ慎む）」の「鞠」は、もとは「躹」という漢字です。声符の「匊」は身をかがめてものを掬い持つ形で、その姿勢を「躹」といいました。となると「鞠躬如」とは、ものを掬い取る「型」をすることでしょう。同じく趨り進むときの「翼如」は袖を翼のように翻しつつ走る「型」をすることではないかと思われます。

また、「鞠躬如」、「翼如」、「勃如」、「躩如」、「踧踖如」などは、似たような状況で、何度もくり返し使われています。これは、それらがくり返し行なわれる「型」であったことの証左ではないでしょうか。

そして、型といえば、またまた能です。

能を大成した世阿弥は「花は心、種は態（わざ）」といいました。現代演劇のように心を種として、その上に技（能）の花を咲かせるのではなく、まず態（わざ）が種としてあり、その上に心の花が咲く、すなわち身体がある型をすれば、心は自然についてくる、それが世阿弥の芸能者としての身体感覚から自然に出た能芸論なのです。

中国の武術には動物と一体化するさまざまな型があります。まず形を真似て、そして自然に心がついてくるようにする、それが東洋の伝統です。

私たちが、相手と一体化しようとする「如」や「恕」を実現するために、「心」を使ってなんとかしようとするのはほとんど不可能であることは多くの人が経験するところです。自我が邪魔をしますし、心を心で推し量ろうなんてことは最初から無理なことなのかもしれません。まずは身体から、です。

空海は『即身成仏義（そくしんじょうぶつぎ）』の中で、私たちが現身（うつしみ）のままで仏と成るためには、やはり仏の「身体」の真似から入ることを勧めます。具体的には、仏と同じさまざまな印を結んだりして仏の身体を真似ます。それができたら次は仏の「口（く）」、すなわち言語を真似します。真言を唱えます。そして、それらができた後にはじめて仏の「意（い）」、すなわち仏の心と一体化し、即身成仏が完成するのです。最初はやはり身体です。

『論語』の「郷党篇」などで使われるこれらの「〜如」は、単に形容詞を作るための助辞ではなく、「如」の本来の意味である、そのものになり切り、そのもののように動く「型」を表したのではないでしょうか。「学」の章でも何度も出てきた「ものまね」です。

ここで私たちは「ものまね」の「もの」という語に注目しましょう。古典における「もの」は現代語のモノとは違う使われ方をしています。たとえば「もの思い」とは、具体的な事項を思うのではなく、ぼんやりと何かを思っていることをいいます。「ものの怪（け）」とは、その正体が確（しか）とはわからない怪異な存在を指します。古典における「もの」とは抽象であり、そして存在そのものから具体性を剝ぎ取った本質そのものなのです。

能『羽衣』のワキは漁師です。当時の漁師は襤褸（ぼろ）を身にまとっていたはずです。しかし、能の舞台の漁師が着ている装束は非常に立派だし、かなり高価なものです。そんな高価な装束を身にまとった漁師などいたはずがない。しかし、ボロボロな着物を身にまとうというリアリズムはマネではありますが「ものまね」ではありません。「ものまね」とは、その本質だけをずばっと抜き取って真似ることをいうのです。

孔子はいい歌を聞くと、それをまずはくり返してもらい、ついでその人とともに歌ったと『論語』にあります（子、人と歌いて善ければ、必らずこれを反えさしめ、而して後にこれに和す〔述而31〕）。また賢者を見ると、その人と同じようになろうと心がけた（賢を見ては斉しからんことを思う〔里仁17〕）ともあります。

これも「ものまね」としての真似だったのだと思います。孔子はいくつになっても、真似の人だったのです。

▼感動力

私たちも孔子と同じく、いい歌を聞いたらそれをもう一度聞きたいと熱望し、そしてともに和したり、賢者を見たら斉しからんと思いたいものですが、そのためにはまずは「マネしたい」と思うことや人を見つけることが必要です。「近頃、マネをしたい人なんかいない」という人がいますが、孔子は「三人で道を行けばそこに必ず師となる人物はいる」（我れ三人行けば必ず我が師を得〔述而21〕）といいます。

師となるべき人物、マネすべき人物は、私たちのすぐそばにいます。孔子はそういいます。ただ、それを見つけることができるか、どうかです。そのような人を見つけるには、感動する力が必要です。

斉の国に行ったとき孔子は韶の音楽を聞きました。彼はそれに感動して三月も肉の味を知らなかった、とあります。

　子、斉に在して、韶を聞く。三月、肉の味を知らず。曰わく、図らざりき。楽を為すことの斯に至らんとは（述而13）。

　三ヶ月も感動が持続する。

　これはすごい。人の心的作用でもっとも弱まりやすいのは感動です。喜びも弱まりやすい。悲しみはもうちょっと持続し、恨みはかなり続きます。しかし、感動は一瞬です。感動は花火のように大爆発をして、すぐにしぼんでしまいます。

　ところが孔子は音楽を聞いた感動が三ヶ月も続いたのです。

　感動がこんなにも長く続くのはなぜでしょうか。むろん、それは韶の音楽のすばらしさもあったでしょうが、その音楽を深い感動を持って聞ける心、すなわち「感動力」が、孔子にあったからでしょう。

　そして、その感動力を生み出すものは「欠乏感」です。

　毎日、豪華な料理を食べていれば、おいしい料理にも飽きてしまいます。はじめてテレビを見たときの感動。娯楽が少なかったときに観た映画の感動。それは長く続きました。少なくとも物質的に満ち足りている現代人は、あらゆる感動が長続きしません。映画を観て感動しても、映画館を出て一時間も経てばその感動は消え失せてしまいます。

孔子が、韶の音楽を聞いた感動が三ヶ月も続くほどの感動体質であったのには、彼には深い欠落感と、そしてそれを何とかしたいという渇望感とがあったからではないか、そう思うのです。それも、前述したように孔子自身が「空洞の人」であったことと関係するのでしょう。

本当は私たちも、みな空洞の人間です。心を持った瞬間から人は自分の中に深くて暗い空洞を抱えることになりました。ただ、ふだんは自分の空洞さを見ないようにしています。仕事に一生懸命になって目まぐるしい時間をすごしたり、ゲームやインターネットに熱中したり、お酒を飲んで現実を忘れたり、さまざまな方法でヴァーチャルな世界に逃げ込み、自分の空洞を見ないようにしています。

しかし、感動力を目覚めさせるには、まずは自分が空洞の人間であるという事実をしっかりと実感し、さらにはその空洞を何とかしたいと渇望し、そのために何をすべきか、あるいは何をすべきではないかを問い続ける必要があります。

孔子は「『どうしよう、どうしよう』といわない人には、私はまだその人をどうすることもしない」（如之何、如之何と曰わざる者は、吾れ如之何ともする末きのみ〔衛霊公16〕）といいます。この章句の「どうすることもしない」の「しない」にあたる語は、現行本では「末（～しない）」が使われていますが、最古の書本である定州漢墓の竹簡を見ると「未（まだ～しない）」になっています。孔子の真意に近いのは「未」の方だと思います。孔子は「どうしよう、どうしよう」といわない人を見捨てているわけではありません。そのような人に手を差し伸べるのはまだ早い、そういっているのです。

　また、「憤せずんば啓せず」（述而8）ともいっています。「憤」というのは噴火の「噴」と同じく、体の奥の方から噴出するように沸きあがってくる感情です。そんな強い感情が起こってこないうちは、まだその人を啓くという行為をしない。その人自身が本気になったとき、そして本当に困ったとき手を伸ばせば、孔子ははじめてその手を取って導くのです。

▼人の本性としてのマネの力

「如」とは「ものまね」であると書きましたが、人間は本性としてマネの力を持っています。

飼い犬が人間に似てくるといいますが、あれは逆です。人間の顔には、人の顔つきをつくる表情筋と呼ばれる多くの筋肉があります。表情筋は英語では「ミミック・マッスル（mimic muscle）」、すなわち「マネをする筋肉」と呼ばれています。人間の顔は近くにいるもののマネをしたがるのです。長年連れ添っている夫婦の顔が似てきたり、仲良しグループの人たちがみな似たような顔になったりするのも、そして人が飼い犬に似てくるのも「マネをする筋肉」の働きです。

人間は生まれつきマネをする力を持っているのです。そしてそれが人間の文化や、ひいては人間存在そのものを進化させてきました。

自分の空洞を自覚し、〈私が〉という主語を放棄しようと志せば、生来のものまね力が沸き起こり、自然に「如」＝「恕」が発動します。そこに曲礼（きょくらい）を学べば、「礼」の力を十二分に有効に働かせることができるのです。

むろん、ただのマネで終わってしまってはいけないことは「無主風（むしゅふう）」のところ（一八四頁）でも書きました。

だからこそここに、もうひとつ必要なものがあります。それは自分の中には「天」があるという自信です。これが「心」につながるのです。

最終章である次章では「天」の話から始めましょう。

第6章　「心」――このまったく新しい世界

▼心の欲するところ

いよいよ『論語』と「心」について考える最終章にたどり着きました。

『論語』は「心」と、その使い方が書かれた世界最初の「心の指南書」ではなかったか、そう思ったことが本書を書こうと思ったきっかけでした。そして、これまでの章で、心に至るまでのさまざまなアスペクトを扱ってきて、とうとう「心」そのものを扱う最終章にたどり着きました。

本当はここで「心」とは何かということをカントやアリストテレスを引き合いに出しながら論じたいところではありますが、小著である本書にはそんな余裕もないので、ここではジェインズの定義である、心とは「内省する意識である」を借用して、それ以上の心の定義については云々せずに話を進めることにします。

さて、『論語』と「心」といえば、なんといっても次の句が有名です。

七十にして心の欲する所に従いて、矩を踰えず（為政4）。

これは孔子、七十歳の時の境地を述べた句で、「自分の思うままに行なってもゆきすぎがなくなった」（貝塚訳）と訳されます。心のままに従うと大変なことになってしまうが、七十歳になってやっと、心のままに従っても矩を越えることがなくなった。そう理解されています。

何だかちょっと「心」が悪者な感じです。

しかし、何度もいうようですが、「心」は、孔子が活躍する、ほんの五〇〇〇年ほど前に生まれたばかりのピカピカの新生概念です。「いや、いや、新生概念なんてことはない。五〇〇〇年も経てば、かなりこなれた概念になっていただろう」と思われる方もいらっしゃるでしょう。しかし、「心」グループに属する漢字は、孔子の死後二五〇〇年ほど経った戦国時代末期までを含めても、たった八七種類しかありません（現存する金文で見る限り）。現代の『大漢和辞典』（大修館書店）には心部には（俗字も含めて）一二七六字の漢字が載っています。八七と一二七六。彼我の差を見れば「心」は、七〇〇年以上経っても、人々の間にはほとんど浸透しなかった概念だったと推測されます。

孔子の時代には、心はまだまだ新鮮な、そしていまのように誰でもが気楽に使える言葉ではなかった。ましてや、「心の欲する所に従う」などという高度な技術を使うことができる人は、非常に少なかったのではないか、そう思うのです。

心を使うということができる人、あるいは心を使おうと志した人は、ごく一部の人です。だから、ひょっとしたら「心の欲する所に従いて」と読まれるこの句はもっと積極的に、たとえば「心の欲する所に従えば、矩を踰えず（心が欲する所に従えば、自然に矩を踰えなくなる）」と読んでみたらどうだろうか、などと思うのです。

が、この句を云々するのは、もう少し後にすることにして、まずは前章の約束通り「天」について見ていくことにしましょう。

▼荒波の中で天命を知る

「心の欲する所に従う」という「従心」は孔子七十歳のときの境地ですが、その二十年前、五十歳のとき、「天命を知る」という境地に孔子は達しました。

四十歳で学団の形成を始めた孔子。雌伏の十年の間にその名声は次第に高まり、慕ってくる弟子の数も増えました。そんな中、五十三歳の孔子は一躍表舞台に躍り出ます。斉の景公に非礼を謝罪させ、さらに斉が魯から奪った土地を返還することを約束させた「夾谷の会盟」での孔子の活躍は、中国中にその名を轟かせたでしょう。孔子の絶頂期です。

しかし、その活躍も長くは続きませんでした。

孔子は、司寇（警察・刑罰の長）として魯の公室を正常化するために奮闘したのですが、結局は、当時横暴を振るっていた勢力に敗れて故国を追われ、長い放浪の旅に出ることになるのです。

孔子五十六歳のときです。それから十四年にも及ぶ外遊生活が始まります。

当時の旅は死と隣り合わせです。実際に大きな危険を三度経験します。

最初の苦難は、宋の国での出来事です。桓魋という貴族が大木を切り倒して孔子を殺そうとしました。しかし、孔子はそのとき少しも騒がず「我が身のこの徳は天から授かったものだ。桓魋ごときにどうしようもできるものではない」（天、徳を予れに生せり。桓魋其れ予れを如何せん［述而22］）と天を全面的に信頼して悠々としていたのです。

人違いで匡の人々に囲まれたこともあります。そのときも孔子は騒がず、「私は周の文化（斯文）を体している。天が周の文化（斯文）を滅ぼそうとしない限り、匡の人々に私をどうすることなどできはしない」（天の未だ斯の文を喪ぼさざるや、匡人其れ予れを如何［子罕5］）と毅然としていました。

ともに「天」に対する絶対的な信頼によって、窮地を窮地とも思わずに泰然とやり過ごしたのです。また楚の国に旅する孔子一行は軍隊に囲まれ、食料もなく飢え疲れたという苦難もありました。

絶頂から絶望まで、上がったり、たたき落とされたりのジェットコースター人生です。荒波に翻弄される小舟の悲哀を感じたでしょう。

そんな時期に孔子が到達し、そしてその確信を深めていったのが五十歳のときの「天命を知る」という境地だったのです。当時の年齢は今とは違います。七掛けか八掛けで考えるのが妥当だといわれています。現代の年齢でいえば八掛けならば六十三歳くらい、七掛けならば七十二歳くらいの年です。

▼天の誕生と神々の黄昏

孔子がそこまで信頼した「天」とはいったいなんだったのでしょうか。

「天」という漢字は殷の時代からありました（ほんの数例）が、周代になってからは、特に重視されるようになりました。周の人々も最初は殷の上帝信仰を継承していました。しかし、殷からの脱却のために上帝に代わるものとして「天」を戴くようになったのです。

[孔子の生涯]

孔子の伝記には不明な点も多いので、以下は一説をあげる

1歳
　　4歳　父没
10歳

15歳 志学
　　18歳　母没
20歳　20歳　結婚
　　21歳　子（鯉）誕生

30歳 而立
　　31歳　斉に遊学、楽を学ぶ。老子に会う
　　32歳　魯を離れる
　　38歳　魯に戻る

40歳 不惑

50歳 知命
　　52歳　中都の宰となり、やがて大司寇になる
　　53歳　夾谷の会盟で活躍
　　56歳　諸国遊説の旅がはじまる。このころ、桓魋の乱

60歳 耳順
　　63歳　陳蔡の厄
　　68歳　妻没
　　69歳　魯に帰る

70歳 従心
　　71歳　子（鯉）没
　　72歳　顔回没、魯の哀公、麒麟を捕獲
　　73歳　子路、内乱で戦死
　　74歳　孔子没

「天」という漢字の古形を見てみましょう。

人が両手を広げる「大（）」の上部を示す指事文字です。もともとは人の頭部を示しました。天は、もともとは人だったのです。

周代になっても殷代の神々は残ります。しかし、たとえば音楽神である「夔」が、悪神「夒」に変わったりと、その姿はかなりの変貌を遂げ、力も弱くなっていきます。神々の黄昏です。その代わりに力を発揮していったのが人間であり、人の頭部によって象徴される「天」だったのです。

天は、殷代の帝のように雨を降らしたり、雷を呼んだりという無限の可能性だけを人に見せる存在ではありません。有限な存在である人から生まれたものであるがために、人間存在の持つ苛酷なまでの有限性を人々にも突きつけます。

殷代の神である上帝は、気象や生活などを主宰しましたが、天はそのような具体的な事柄にはあまり関わりません。天の関与するのはもっと抽象的な、そして象徴的な事項です。

たとえばそれは王朝の正当性を保証します。周が殷を滅ぼし、新たな王朝に王たる

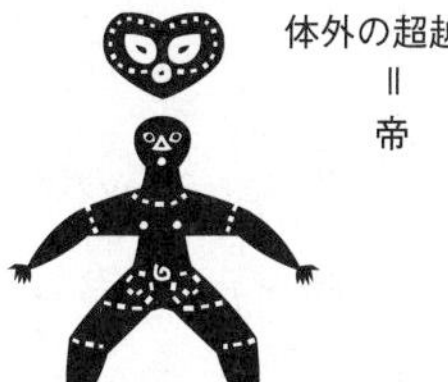

体外の超越者
＝
帝

人が両手を広げて大地に立つ姿、それが「大」だ。殷(商)の時代の超越者は「帝」と呼ばれ、それは人の外にいた。

体内の超越者
＝
天

周の時代になると、超越者は人の中に入ってきた。そのとき「天」が生まれる。

→

天有大令(命)

西周初期の金文「大盂鼎」の銘文には「天有大令(命)」という語が現れる。これが「天命」である。周の文王が天命を受け、それを継いだ武王が邦を開いたということなどが書かれる。

「大盂鼎」銘文には、天命だけでなく、「論理(故)」や「刑罰(井)」、「型(マニュアル＝井)」や「学校(小学)」などもはじめて現れる。

貴重な銘文である。

殷(商)代には人の外にいた超越者(「帝」)は、周代になり人の中に入って「天」となった。天は、ふだんは「心(自由意思)」の陰に隠れているが、人が苦難に陥り、何もできなくなったとき、「心」をうまく手放せば、その本来の機能が発動されるようにプログラムされている。

中国において天はやがて「太虚」の思想となり、王陽明を経て、日本の大塩平八郎に伝わり、山川草木、森羅万象の中に天(太虚)があるという「帰太虚」の思想へと発展した。

ことができたのは、周王が天の命を受けることができたからです。しかしそれは同時に、その行為が天の道や人の道から外れたときには天命を失い、そして王の地位からも墜落することをも意味しました。

天命を保持することはただひとり周王の目的ではなく、諸侯共同の究極の目的であり、そして周王が天命を保有しているという保証は、諸侯が参加し、歌舞を奏し、天命の永遠を頌ぐ周王朝の祭礼にあった、と赤塚忠氏は書きます。

天は周の王にとってその権威を保証する恩寵に満ちた存在であるとともに、その権威を奪う可能性もある畏怖すべき存在でもあったのです。

それは個人でも同じです。天は私たちの「性」、すなわち本性を保証してくれる存在であるとともに、私たちに苦難や死をもたらす畏怖すべき存在でもあるのです。

天を安定させるためには生贄を捧げてもダメです。大酒をかっくらってどんちゃん騒ぎのお祭りをしても無駄です。天を味方につけるには、自分自身の行動や精神活動の安定、すなわち「徳」と、そしてそれを組織的に象徴的に行なう「礼」が求められました。

それができたとき、絶対的な力を私たちに与えてくれる存在、それが天なのです。

▼孔子にとっての天

孔子にとっての天も同じです。天はどんな状況にあっても孔子を助ける。しかし同時に、死ととなりあわせの苦難を与えたり、最愛の者を奪ったりして、その有限性をも突きつける存在でした。

恩寵と恐怖の両面がある天は、そういう意味では「命」に近い存在です。しかし「命」との決定的な違いは、それが人間に根ざすということです。天は人の中にのみ存在します。そしてそれゆえにこそ、孔子は天を絶対的に信頼するのです。

孔子は「我を知る者は其れ天か」（憲問（けんもん）37）といいます。自分を知る者がいなくても、孔子は天を怨（うら）むことも、人をとがめることもしなかった。そこには「我を知る者は其れ天か」という天に対する絶対の信頼と、そしてそれに裏打ちされた自信があったからです。

絶対的な存在である殷代の「帝」に対して、「天」は人からの絶対の信頼があってはじめて絶対となる、「信」に根ざした存在です。「信」の人偏（にんべん）が示すように、人がいるからこそ、そして人が信じるからこその天なのです。だから天は、殷代の帝のよう

（天）

（天）

（大）

に生贄を必要としなければ、特別の禱りも欲しない。必要なのは「信」という自己の内部の強い精神活動だけなのです。

▼自分を裁くのは天のみ

南子という婦人に孔子が会おうとしたことがありました。

南子は衛の霊公の夫人で、美しい容姿を持っていて、好色の噂もありました。そんな婦人には会って欲しくない、そう弟子の子路は思っていました。しかし、孔子は会った。子路は面白くない。

そのとき孔子は「自分が間違ったことをしたならば、天が私を見捨てるであろう、天が私を見捨てるであろう」（予が否き所の者は、天これを厭たん、天これを厭たん〔雍也28〕）と子路にいいます。

自己と深くつながる天に対する絶対的な「信」があるとき、他人が何をいおうが、どう思われようが、関係なくなります。それが正しいか間違っているかは、人ではなく天が判断してくれる。自分を裁くのは天だけだ。天が罰を与えたとしても私はそれを甘受しよう。すべての状況は、天が私に与えてくれたものなのだ、そういう確信を孔子は持っていました。

孔子にとって、それほどに絶対的な存在が天だったのです。

そのような絶対的な信頼を持つ孔子は、だからどのような苦難を得ても強かった。どんな艱難（かんなん）にも平然と立ち向かい、そして老年に及ぶ十四年間という長きにわたる放浪生活を余儀なくされながらも、その中で道を説き続けることができたのです。

孔子は合理的な現実主義者としての面とともに、同時に「天」に対しては誰よりも強い信仰心を持つ宗教者としての面をもあわせ持ちます。

ただし、その「天」は神とは違って私たちの中にあります。天、すなわち超越者が私たちの中に入ったとき、それは私たちから「神（外なる超越者）」を剥奪（はくだつ）し、そして自分の「心」に頼らなければならないという状況を突きつけることになるのですが、そのことに孔子が気がつくのはもっと先、七十歳まで待たなければなりません。

その境地、「従心（じゅうしん）」については本章の最後で扱うことにして、まずは『論語』の中で「心」がどのように使われているかを見ていきましょう。

▼心を使うためには飽食しない

『論語』の中には全一二〇〇種類ほどの文字が使われています。「心」系の文字は『論語』の中に、九〇種類ほどあります。その中には「擾（じょう）」のように本字は心とは関係ない文字も含まれます。そういう文字を入れても九〇種類しかなく、さらにそれを孔子時代にあった文字だけに絞ってみると、実はほとんどなくなってしまいます。

その中で、やはり真性の心といえば、やはり「心」という文字そのものです。紙幅の関係もありますので、本書では「心」という文字だけに絞って『論語』との関係を考えていくことにしましょう。

『論語』の中で「心」という文字が使われているのは六回です。その中の二回は『尚書(しょうしょ)』からの引用が中心なので除くと、『論語』の中の「心」はさらに減って四回になってしまいます。約五〇〇章、二万二〇〇〇字以上もある『論語』の中で「心」が使われているのは、たった四回なのです。

少ない。

しかし、この四回を含む章は、心の使い方のヒントが書かれた非常に大切な章です。ひとつひとつをじっくりと読みながら、孔子の提案する心の使い方を探究していくことにしましょう。

……………『論語』の中の「心」(二)飽食終日、心を用うる所なし……………

まずは最初のひとつ。

子曰わく、飽くまで食らいて日を終え、心を用うる所なし。難いかな。博奕なる者あらずや。これを為すは猶お已むに賢れり(陽貨22)。

「飽くまで食らいて日を終え(飽食終日)」というのは耳の痛い言葉です。ランチのおいしいお店を見つけてわいわい食べて、お腹がいっぱいになり過ぎて思わず昼寝をしてしまい、目を覚ましてスマホなどを見て、気がつけば夜。またごそごそと夜食を食べる。

まさに「飽くまで食らいて日を終え」です。

確かにお腹がいっぱいになると頭がぼーっとしてうまく使えないのですが、どうも心も使えなくなるようです。

孔子は「君子は食事をお腹いっぱい食べたいと求めることはしない」(君子は食飽かんことを求むることなし[学而14])といいます。しかし、これは「求むることなし」

で、「お腹いっぱいに食べてはいけない」といっているわけではありません。『論語』には「孔子は喪中の人のそばで食事をするときには、決してお腹いっぱいになるまで食べることはしなかった」（子、喪ある者の側に食すれば未だ嘗て飽かざるなり〔述而9〕）ともあります。喪中の人といっしょのとき以外では、自分では求めなかったが、お腹いっぱい食べることもあったに違いない（と思いたい……）。

飽食の「飽」は『説文解字』（以下『説文』）には「猒なり」とあります。「猒」の右には犬があるので、白川静氏は「猒」は、「犬牲を供えて祀り、神が満足すること」だといいます。飽食とは人間が満足することではなく、神さまが満足することが原義です。

しかし、これは何も神さまだけが満足すればいい、人間は粗食でいいというわけではありません。日本でも神社ではまずは神さまが満足して下さり、そしてその神さまからのお下がりをいただくので、人間もお腹いっぱい、おいしくいただくのがいいとされています。古代中国でも祭礼の際の宴会を「魯」と呼びましたが、「魯」には大きいという意味もあるように、たらふく食べるというイメージがあります。

粗食がいいというのは後世のイメージで、飽食それ自体は決して悪いことではなかったのです。

が、しかし、どうも「心」を使うには「飽食」は邪魔だったようです。しかも、それは「心」それ自体と関係があるのです。

▼心は心臓ではなかった？

飽食の「飽」の字の右側の「包（　）」はお腹の中に胎児がある形で妊娠を表します。飽食とは、文字通りお腹の中に何かが入っていて、他のものが入ることができない状態です。「飽」は『説文』には「猒なり」とあるということを紹介しましたが、「猒」に「厂」をつけて、さらに「土」とつけると「壓（圧）」になり、そのようにお腹の中の圧力がパンパンに張っていることも意味します。

さて、なぜお腹がいっぱいだと心が使えないのでしょうか。

「心」という漢字の古い字形を見てみましょう。まずは『説文』所収の文字を見ます。

（包）

（心）

これは「心臓」の象形だといわれています。もう少し前の時代の漢字、金文で見てみると形が少し違います。

これも「心臓」の象形だといわれています。

が、小学校などでこの字を見せると、ほとんどの子は「チンチンだ！」といいます。「いやいや、これは心臓の象形だよ」と説得しようと、解剖図などを見せてもまったく納得しません。うーん、確かに子どもたちのいうように、この字はチンチン、男性性器に見えます。ひょっとしたら、かつて「心」という字は男性性器の象形だったのかもしれない。その可能性もなくはありません。

「心はどこにあるか」と聞けば、多くの人が胸を指します。しかし、江戸時代までの武士は腹を指したといいます。かつて心は腹にあった。そんな時代もありました。だからこそ身の潔白を証明するには、腹の深奥にある「明き清き心」を示すために武士たちは切腹をしました。いや、これは何も古い日本の話ではありません。私の能の師匠、故・鏑木岑男師は東京の芝、愛宕神社の宮司もされておりましたが、師匠のご尊父は神官として若者を戦地に送ったその心根に一点の曇りもなかったことを示すために、終戦の翌日に割腹をされました。

「心は腹にある」

これは深い身体感覚として実感されていた。むろん、頭の中では（知識としては）心臓は胸にあることは「知って」いました。しかし、身体感覚では「心」は腹にあったのです。これは現代の私たちが、心的作用を生み出すものは脳にあると「頭」では「知って」いながらも、やはり身体感覚としては心は胸にあると感じるのと同じです。知識と身体感覚の間にはズレがあります。

そして、さらに古代の人たちは「心」はもっと下、すなわち性器あたりにあると感じていたのかもしれません。

▼はらわたが動く

戦争は男の性器同士の争いだ、などという人もいます。だから兵器は男根に似ているものが多い。しかし、戦争だとどうも「心」という感じがしません。下半身が「心」で、その欲求に任せるというと、嫌がる女性を無理やり手籠(てご)めにするような、そんな

（心）　（心）

野蛮な、本能的なイメージがあります。これは恥ずかしい。いや、でもひょっとしたら「心」自体が本来はもっと本能的なものを指す語で、人が本能を意識したところから始まったのかもしれません。

それがだんだん体の中に入り、そしてゆっくりと上がっていった。

女性は子宮で考えるといいます。同じ生殖器でも子宮というと、男根に比べると何となく内省的な感じがするし、すでにお腹に入っています。男性には子宮がないので腸の辺りと考えてもいいでしょうか。

同じ金文でも「心」は戦国期のものになると形が変わってきます。

さきほどの男根形に比べると、かなり『説文』の「心」に近くなっていますし、心がお腹に入っている感じもします。

ちなみにこれは中山国（ちゅうざんこく）という国から出土した青銅器に鋳込（いこ）まれた文字なのですが、この中山国から出土した青銅器の銘文には「心」グループの漢字がとても多いのです。中山国は、北方に位置した北狄（ほくてき）と呼ばれた周辺民族の国で、長い間、遊牧生活をしてきました。史書にもその記述は少なく、長い間、幻の王国と呼ばれていた国です。定住をせずに、遊牧の生活をしてきたこの国の出土遺文になぜ「心」が多いかは興味深いところなのですが、本書の範囲を超えますので、それはまたの機会に譲りましょう。

さて、男性性器だった「心」はだんだん上がっていって、腸の辺り、すなわち内臓に至りました。漢字の歴史を見てみると、孔子時代の「心」も、どうも腸の辺り、内臓辺りにあったようです。

『聖書』で、イエスだけが使う「あわれみ」のギリシャ語（スプランクニゾマイ）は「はらわたが動く」が語源だといわれています。キリスト（の少し後）の時代でも内臓感覚がそのまま「心」になっていたのです。

怒りを表す表現として、現代でも「腹が立つ」といったり、「腹に据えかねる」などといったりします。「腸（はらわた）が煮えくり返る」なんていうすごい表現もあります。心が内臓（腸）辺りにあった名残でしょうか。しかし、現代では「腹が立つ」という人は少なくなり、「ムカつく（胸）」や「頭に来る（頭部）」と心の位置は上がって来ていますし、「キレる」という状態では、とうとう心は身体から逸脱してしまいます。

（心）

とはいえ、心が内臓にあるというのは、現代人の私たちにもその実感はあります。胡散臭そうな人に会ったり、胡散臭い話を聞いたりすると、何かお腹のあたりに変な感じがしたり、お腹がきゅっと縮んだりします。相手の腹黒さに自分の腹が反応します。逆に、蒙を啓かれたりすると、すとんと「腑（内臓）に落ちた」感覚を得たりします。身体感覚としての心は、まだ腹にとどまっています。

これを東洋医学では「腹脳」と呼んだりしますし、あるいは英語でも「Gut-Brain（はらわたの脳）」という言い方をしたりします。食べ過ぎた夜の夢がほとんど悪夢だというのも、内臓と私たちの心との関係を物語っているようです。

さて、「飽食」とは胎児がお腹に宿るくらいに、お腹の中がいっぱいになっていて、他のものが入ることができない状態です。「心」の定位置がお腹ならば、お腹がいっぱいになってしまっていては心は自由に動き回ることができません。だから「心を用うる」ために孔子は飽食を戒めたのでしょうか。

むろん、そこにちゃんとした科学的な根拠はありません。

ただ、私たちも心を使わないようにするために、無意識にですが飽食をしてしまいます。ストレスを抱える人は、食べ過ぎるほどに食べてしまう。食べても食べても食べ足りなく感じ、飽食を通り越して逆に拒食になったりもします。

食べ過ぎをコントロールするためにストレス（心）をマネジメントするということが行なわれていますが、『論語』のこの句から考えると、逆に食に対する欲求をコントロールすることによって心を用いることができるようになるかもしれません。

▼バクチのすすめ

さて、「飽食終日」を戒めた孔子が、心を使う手段として「博奕（はくえき）」をあげているところが面白い。

「博奕」とはバクチです。バクチなんてとんでもないという人もいると思いますが、これはどうも「双六（すごろく）」だったといわれています。双六といっても、お正月などにする例のすごろくではなく、その名の通り二つのサイコロ（双六）を使ってする盤双六と呼ばれるボードゲームで、現代のバックギャモンに近いものです（ただしバックギャモンの祖型であるセネトと本章の博奕との歴史的関係は不明。また、大英博物館にある古代メソポタミアの「ウルの王室ゲーム〈The Royal Game of Ur〉」が双六の祖型ではないかともいわれている）。

囲碁や将棋のように知識やテクニック優勢のゲームではなく、かといって競馬やルーレットのように運によって勝敗が大きく左右されてしまうゲームでもない。テクニックと運とがうまい具合にバランスが取れているゲームで、日本でも奈良時代や平安時代には禁止令が出たほどに人気がありました。

バクチ系には、丁半やブラックジャックなどのように胴元が絶対有利に作られているものがあります。競馬やパチンコやルーレットもそうです。こういうカジノでするようなバクチの多くは孔子のいう「博奕」とは違います。それに対して麻雀（マージャン）や双六などは、参加者間の勝ち負けのプラスマイナスがゼロになるゼロサムゲームです。これが孔子のいう「博奕」です。

「博奕」の効用のひとつは、時の運の流れを知る能力を身につけることができるようになることです。

能を大成した世阿弥は、この時の運の流れのことを「男時（おどき）、女時（めどき）」ということばで表現しました。自分の方に運が向いているときが「男時」、こういうときはどんどん進むのがいい。それに対して何となくいろいろなことが裏目裏目に出るときがある。これが「女時」で、そういうときはなるべく控えめ、控えめにするのがいい、そういいます。

この「男時、女時」を知る訓練が「博奕」でできます。男時のときには強気に出て、女時のときはさっと引く。本気で博奕をしていれば、自然にその訓練ができていき

鬼と双六をする紀長谷雄（きのはせお）（「長谷雄草紙」永青文庫蔵）

ます。

また、双六がいわゆるテレビゲームと違うのは相手がいるということです。相手の心を読んだり、自分の心を隠したりする駆け引きと、そして運の流れを知ることによって、まさに心を用いる訓練ができるのです。

心を用いる入門として、孔子は「博奕」を薦めている、そう読むことができます。いいなあ、こういう孔子のノリって。

……『論語』の中の「心」（二）

其（そ）の心三月（さんげつ）仁に違（たが）わず……

▼その心、三月違わず

「心」が使われる、ふたつめの章を読みましょう。

子の曰わく、回や其の心三月仁に違わず、其の余は則ち日月に至るのみ（雍也7）。

本書の訳文は、主に金谷治氏のもの（岩波文庫）と貝塚茂樹氏のもの（中公文庫）を参照していますが、この章の訳文においては、お二人のものがまったく違います。

最初に金谷氏のもの。

「回（顔回）は三月も心を仁の徳から離さない。そのほかの者では一日か一月のあいだゆきつけるだけのことだ」（傍点安田）

これが貝塚氏だとこうなります。

「顔淵よ、ただ三月の間でよいから、心が仁の徳から離れないように努力しろ。三月を越えてしまえば、心が仁を離れないままで、日も月も自然にすぎて行くだろうよ」（傍点安田）

この両説を云々することは非才の及ぶところではないので控えるとして、むしろこの両説から私たちが学ぶことができる「心」の使い方を考えてみたいと思います。

▼集中は一瞬

この章で最初に注目したいのは「其の心三月仁に違わず（違わざれ：貝塚訓読）」です。

まず「違」という漢字を見てみましょう。「違」は金文では次のように書かれます。

この旁（つくり）である「韋（い）」の金文には左のような字体もあります。下のものはかなり具象的です。

これは場所を示す口（い）の周りを足（　）でぐるぐると巡回する形です。「韋」を四つ辻（つじ）を表す「行（　）」で囲むと「衛（宮廷の周囲を護衛する）」になります。また、音としては「回」とも通じ、『説文』には「離るるなり」とあります。

（違） 　（韋）　（韋）

（足）　（行）

「心」の文脈でいえば、「違」とは、心が対象から離れてぐるぐると廻ってしまうことをいいます。否定形の「違わず」というのは、心が対象にぴったりとついている状態、すなわち集中している状態です。

「能楽師の集中力」について訊かれることがあります。その質問を受けるたびに「集中」という言葉に違和感を感じます。「集中」というのは英語の「コンセントレーション(concentration)」の訳語です。中心(center)に向かって、みなが(con)集まっていく様子を示しています。その基本には、心は本来はバラバラで、意志的に中心にまとめるという考えがあるように思えます。

しかし、自分の実感は違います。たとえばこれから稽古をしようとする。そのときに徐々にそこに向かって気持ちを集中していくのではなく、「稽古をするぞ」と思った瞬間に心は対象と一体化します。バラバラな心ではなく、ただひとつの心が対象と一体化する、そんな感じです。

あとはその状態をいかにキープするか、対象から離れていこうとする心をいかに対象につなぎとめておくか、それが大変なのです。

演劇の方たちと一緒に舞台をすると能楽師の特殊性に気づきます。そのひとつは本番前の過ごし方です。演劇の人たちは一、二時間前からストレッチをしたり、役に集中したりして本番に向けて集中を高めていきます。それに対して能楽師はストレッチはおろか発声練習すらしません。

「自分たちはいい加減なんじゃないか」と最初は反省をしたりもしたのですが、どうもそうではないらしい。能の楽屋では発声練習やストレッチなどをすることに対しての暗黙の禁止があります。その日の自分の体がどのような動き方をするのか、どんな声が出るのかということは本番が始まるまでわからないし、わからなくていい。楽屋で台本を読むことは恥ずかしいこととされ、舞台が始まる直前まで雑談をしたり、冗談をいい合ったりもしています。

本当にお気楽状態なのですが、それが「鏡の間」に入った瞬間に変わります。一瞬で変容します。本書でも何度か登場しております「鏡の間」というのは観客席からは見えないので楽屋の一部ではあるのですが、しかし同時に舞台にもつながるという不思議な、そして神聖な空間です。そこに入った瞬間に能楽師は変わる、そんなクセが体に染み込んでいます（しかし、その分、時間をかけてする集中は、少なくとも私はとても苦手です）。

集中するときに、一瞬でする人と徐々に時間をかけてする人がいます。これは人によって違うのでしょうが、どうももともとは一瞬の集中が人間の本性ではなかったかと思います。たとえば大昔、人間が猛獣たちと暮らしていたとき、目の前に虎が現れる。そのときに「ちょっと待って、いま集中するから」なんてことはいっていられなかったはずです。

本当は集中に準備は必要ではないのでしょう。すぐに集中するクセをつけておけば、人は一瞬で集中ができるようになるはずです。

また、徐々に時間をかけてする「集中」は、どうしてもその名の通り中心という一点に集まる「点の集中」になりやすい。たとえばゴルフの初心者は、長い時間をかけて、しかし結局は目の前にあるボールだけに集中してしまいます。当たることは当たるけれども飛ばない。

それに対して、上手な人は、風向きや風の強さ、芝の状態、湿気、そしてギャラリーの状態までをも含めたさまざまな状況を一瞬のうちに、しかも同時に把握する「空間の集中」を行ないます。

さらにすごい人は「男時、女時」のような自分にとっての時の状況をも把握する「時空間の集中」を一瞬のうちに行なうのです。トップアスリートに一瞬の集中を行なう人が多いのも、そういった理由でしょうか。

「違わず」、すなわち「離れず」の集中は一瞬の集中です。顔回も一瞬の集中を行なっていたに違いありません。

しかし、顔回が一瞬で集中し、そして三ヶ月違えなかったのはスポーツでもないし、舞台でもありません。

▼「仁」だからこそ一瞬で手に入る

「仁」です。

「仁」は『論語』の中でもっとも重要な徳目です。

孔子は「仁に里るを美しとなす」（里仁1）というように「仁」を非常に重視しています。「仁」がなければ「礼（禮）」も「楽」も意味がない、とすらいいます。すべてのベースに必要なのが「仁」なのです。

「仁」という概念は、孔子が作ったという説もあります。確かに甲骨文字には「仁」の字は見えないし、金文にさえ人名としてしか現れません。また同じ儒家の書である『孟子』や『荀子』は、書籍としての文字数においては『論語』をはるかに凌駕しているにもかかわらず、しかし「仁」が使われる回数は『論語』に遠く及ばない。孔子が「仁」をいかに大切にしていたかということがわかります。

「そんな大事な仁なのに一瞬で集中できるわけがない」と思ってしまいがちですが、

実は「仁」だからこそ一瞬なのです。

孔子はいいます。

子曰わく、仁遠からんや、我れ仁を欲すれば、斯に仁至る（述而29）。

「仁」を欲せば、仁はここにある。仁はどこか遠いところにあるのではない。欲するだけで、もうここにある、そう孔子はいいます。「仁」こそ、一瞬なのです。

「仁」とは自分ひとりで修養するものではありません。他人との関係において初めて成り立つ徳目です。

孔子は、仁者というものは「自分が立ちたいと思えばまず人を立たせ、自分が達したいと思ったらまず他人を達せさせる」（己れ立たんと欲して人を立たせ、己れ達せんと欲して人を達す〔雍也30〕）といいます。自分よりはまずは他人を、という大乗的な菩薩行です。他人のことも自分のことのように引き比べ、そして他人に教えるときには身近なたとえで教える。それが「仁の方」だともいいます。

これと同じことを違う面から見たのが有名な「己れの欲せざる所、人に施すこと勿かれ」（衛霊公24）であり、それをひとことでいったのが「恕」、すなわち他者と一体化する力です。

「恕」に関しては前章で詳しく述べましたが、これもまさに一瞬で他者や他者の気持ちと一体化することです。「仁」は徐々に得ることはできない。「仁」を得るのは一瞬なのです。

▼愚のごとき内心にうごめく行動力

仁は一瞬で得ることができる。ただ、それをキープするのが難しい。顔回のように三ヶ月も心を仁に留めたままでいること、それが至難のわざなのです。
心に留めるということを、世阿弥は「万能を一心に綰ぐ感力」という言葉を使って表現しました。

世阿弥はいいます。

能でもっとも面白いのは舞でもなければ謡でもない。鼓や笛の音でもない。何もしていない時空間、「せぬ隙」が面白い。「舞を舞いやむ隙」、「音曲を謡いやむところ」、「そのほか、ことば、ものまね、あらゆるしなじなの隙」と世阿弥はいいます。

そのなにもない間隙に「心」を捨てず、油断なく心を綰ぐ性根、「用心」を持つ「内心」こそが大事だというのです。

そして、この「内心」の感じが外にほのかに匂うとき、それは「面白さ」になります。ちなみに世阿弥のいう「面白さ」は現代のそれとはちょっと違います。目の前がパッと明るくなるような、今までの暗さが一瞬で消えてしまうような、そんな感動をいいます。

「おっ！」という感動。それが面白さです。それを作り出すものが「内心」なのですが、しかし自分の中にある内心が外にモロに見えたら、それはダメです。その時点でそれは「わざ」になってしまう。「せぬ」ではなくなってしまう。「無心の位にて、わが心を我にもかくす案心にて、せぬ隙の前後を綰ぐべし」、それが「万能を一心に綰ぐ感力」なのです。

外には何もしていないように見えながらも、その内心では「心」を捨てず、油断なく心を綰ぐ性根が働いているという世阿弥の「一心に綰ぐ」は、まさに顔回の境地だったのでしょう。

子曰わく、吾れ回と言うこと終日、違わざること愚なるが如し。退きて其の私を省れば、亦た以て発するに足れり。回や愚ならず（為政9）。

孔子は顔回と一日中話をしていて、顔回が「違わない様子は『愚(ぐ)』なるが如し」といっています。

「愚(ぐ)」とは「偶(ぐう)」、すなわち人形のように動かないことです。世阿弥のいうように、外には何もしていないように見える状態、それが「愚」です。ここにも「違わず」が出てきます。心が離れず、あちこちにいかない。そんな状態が「違わず」であり「愚」です。

ところが一見、愚に見える顔回の私生活を見れば「発（發）」なのです。「発」とは弓を引きパッと矢を発する音で、「パッと発奮して行動する」ことです。

話をしているときは木偶(でく)のごとき顔回も、いざ孔子の元を離れると溌剌(はつらつ)たる行動の人です。仁とは恕に似ていると書きましたが、赤塚忠氏は、仁であるためには、恕であるとともに、さらに「自己と他人とに普遍共通に妥当する法則性」が必要だといいます。「礼」です。それはカントの命題、「汝(なんじ)の規律を通して、それが普遍的法則となることを同時に欲したような、そういう格律に従ってのみ行動せよ」とよく似ていながら、より行動的なのが孔子の「仁」だと氏はいうのです。

恕と礼をベースにしながらも、それを実生活で行動としてあらわすのが「仁」です。愚の如き顔回の内心には、「仁」に向かう行動に裏打ちされたすごいエネルギーが渦巻いていたのです。

さて、この章をより深く探究するために「心」が現れる金文を見てみることにします。

▼心を尽くす

（敬明乃心）塱盨

【書き下し文】乃（なんじ）の心を敬明にせよ

この金文では心を「敬明にせよ」といいます。「明」です。日本でも「明き清き心」といいます。心は「明らかに」されることを求められるものであるようです。

心を明らかにする方法としては、孔子よりも後代の孟子は「心を尽くす（尽心（じんしん））」という方法を提唱しました。心を尽くすとはどういうことなのか。これを考えるために、もうひとつ金文を紹介しましょう。

（克盟厥心）師望鼎

【書き下し文】克く(よ)厥(そ)の心を盟(あき)らかにす

この金文にも心をあきらかにすると書かれていますが、こちらは「あきらかにする」というときに「盟（　）」という字を使っています。「盟」は「明」の下に「皿」が付きます。この「皿」が重要です。

「盟」は殷の時代の甲骨文字では次のように書かれます。

上が「明」ではなく窓を現す文字（　）になっていますし、下の皿もちょっと変わっています。この皿は、祭祀(さいし)や儀礼(ぎれい)でよく使われ、「血」が入れられる器(うつわ)です。皿というよりはグラスのようにも見えます。

春秋時代、諸侯たちは会盟(かいめい)を頻繁に行ないましたが、その際に犠牲の動物の耳から

（盟）　（盟）　（囧(けい)＝窓）

採取した血をお互いに飲んで盟約を守ることを誓いました。聖なる誓いです。グラスは「聖杯」です。神明の前で聖杯に盛られた血を啜り合う、それを表すのが「盟」の字です。犠牲の動物の中でも牛が特に尊ばれていたので「牛耳る」という言葉が生まれたことはよく知られています（『春秋左氏伝』「哀公十七年」）。

「心を盟らかにする」という金文からは、そんな聖なる儀式の響きが聞こえてきます。

この「盟」と同じく「皿」がつく漢字に「盡」＝「尽」があります。孟子の「尽心」の「尽（盡）」です。

「皿」は「盡」の下にあり、その上にあるのは筆を手に持つ形をあらわす「聿（[illegible]）」です。刷毛のようなもので皿の上のものを払い尽くすことを表す文字です。心という文脈でいえば、心を覆う不純物を払い尽くすことを意味します。払い尽くされたそこには聖なる器、聖杯に盛られた「心」があります。ちなみに聖杯に入れた「心」を廟堂で捧げるという漢字があります。

丁寧の「寧」の字です。聖なる心臓を丁寧に捧げている形です。心も聖なるもので、やはり丁寧に捧げられるものだったのでしょう。

ちなみに皿の中に、血が滴る人間が入っている文字もあります。白川静氏は、この字を「浴」と読んでいますが、むしろ生贄を表す「」という字（二三六頁）に近いでしょう。

▼「思」の習慣

さて、さらに『孟子』の中の「尽心」の箇所を読んでみましょう。

（尽・盡）　（聿）　（寧）

（浴）

その心を尽くす者はその性を知る。その性を知れば、則ち天を知る（『孟子』「尽心・上」）。

心を尽くし、不純物を払い落とすことによって「性」を知ることができる。そして、性を知ることはすなわち天を知ることだ、と孟子はいいます。

では、どうやったら心を尽くすことができるのか。後世の儒家はそのために「静座」という修養方法を生み出しました。一日のうち、一定時間静かに座り、沈思黙考する。坐禅にも似ています。これを『論語』では「思」と呼びます。沈思黙考する「思」は、体全体を動かして学ぶ「学（學）」と対照的な語です。「学（學）」が「動の学び」だとすれば、「思」は「静の学び」です。『論語』から見てみましょう。

学んで思わざれば則ち罔し、思いて学ばざれば則ち殆し（為政15）。

この章では「学」と「思」とが対比されています。「思」という漢字の古い字体は次のように書かれます。

「思」の上の「田（＝囟＝）」は「シ」という音を現します。「」は頭蓋（ずがい）を表す文字で、「脳蓋の象形。人の思惟（しい）するはたらきのあるところ」だと白川静氏はいいます。また、「細」の右にもあるように「細かい」という意味もあり、それによって「思」は「細かく、さまざまに思慮を巡らす」という意も持ちます。「学（學）」が身体を使って人からものを学ぶのに対して、それを沈思黙考して自分の中で熟成させていくのが「思」なのです。

「学んで思わざれば則ち罔（くら）し」とは、人からさまざまなことを学んでも、それを自分自身で沈思黙考する時間を持たなければ、学んだことも「罔（くら）し」になるという意味です。「罔」は、中に「亡」を見つけることができるように「無」と同じ意味。学びっぱなしでは、それは消えてしまう。学ばなかったことと同じです。「学び」の消費です。

また、「思いて学ばざれば則ち殆（あやう）し」とは、自分だけでいろいろ考えても、人から

（思）

（囟→田）

学ばない場合、すなわち「殆し」になる。「殆」という字の左側は、「死」という漢字にも含まれるように死骸の骨（歺）です。死に至るほどの危険な状態です。独りよがりはそれほど危険なのです。

人から手取り足取り教わる「学」で学ぶことも大事ですが、その学んだものの奥にある真理の部分に気づくのは自分ひとりでしかできないわざです。じっと座って、学習したさまざまなものの深奥に流れる真理を見つけ出す、それが「思」なのです。「学」の学びで、私たちは生きていく上でのさまざまな公式を身につけますが、「思」の習慣がないと、公式がない問題にぶち当たると何もできなくなってしまいます。

本来は「学」の数倍の時間を「思」にかける必要があります。一時間、本を読んだならば、数時間そのことを考えるべきです。しかし忙しい現代人にはそれは難しいかもしれません。そんな忙しい現代人でもまずは毎日、少しでもいいから「思」の時間を持つ習慣を身につけたい、そんなことをこの章は教えてくれます。

さて、ここでもう一度、先の金文（「克盟厥心」）を思い出してみましょう。

金文の「厥の心を盟らかにす」とは、静座による「思」を徹底的に行いつつ、刷毛で皿上を払い尽くすように、心の不純なるものを払い尽くし純粋精妙なる「性」を見出すことです。それによって、自分の「性」が見えてきて、さらには「天命」すらも見えてきます。

天命とは「人間の衷(うち)なる天」であるといったのは大川周明(おおかわしゅうめい)（思想家）です。天はどこか他にあるのではない。自分の内部にあるということは前にも書きました。大川はさらに、私たちの複雑極まりない精神活動の根底には、一個の統一的生命が働いていて、それこそが「性」だというのです。私たちが自己だと思っているものも、実は「吾等(われら)の衷(うち)なる天」の具体的発現なのであり、だからこそ、その天に従って人格的に行動すること、そして人間の本性に従って行動すること、それがすなわち道徳なのです（『中庸(ちゅうよう)新註』）。

大川のいう本性とは私たちの中にある「純粋無垢(むく)なる心としての性」です。そして、それこそが、尽くし、尽くして見出すべき「心」の本性なのです。

▼念じる力

ただ、ここでひとつ私たちが陥りやすいトラップについての注意が必要でしょう。それは私たちの中には「よい心」、「悪い心」があると思いがちになるということで

（歹(がつ)＝死骸の骨）

す。性が善であるか悪であるかは長年の議論が続いていますが、少なくとも「心」には善も悪もありません。それは天に善悪がないのと同じです。孔子は「天が何をいわなくても四季は巡るし、万物は生育している。天は何をいうだろうか」（天、何をか言うや、四時行なわれ、百物生ず、天、何をか言うや〔陽貨19〕）といいます。心も同じです。ただ、心は何かに覆われていたり、曇っていたりすることがあります。それを払えばそこに、天にも通じる純粋無垢なる「心」が顕われるのです。

さて、「其の心三月仁に違わず」に続くのは「其の余は則ち日月に至るのみ」という文でした。貝塚茂樹氏は「三月を越えてしまえば、心が仁を離れないままで、日も月も自然にすぎて行くだろうよ」と訳しています。三ヶ月、仁から心を離さないということが実現できれば、後は仁は心そのものになるのです。

『新釈漢文大系』（明治書院）で『論語』に注する吉田賢抗氏はこの章の余説で「一念一念、仁から離れない、いわゆる仁を念ずるところに、一旦豁然として仁に通ずるの道が開くのではなかろうか」と書いています。

吉田氏は「念」を強調します。

「念（　）」という漢字は「今（　）」と「心」から成ります。「今（　）」はふたのようなもので覆うことを示す語です。「土」を上から何かで覆うとキラキラしたものが自然に生じてくる、それが「金（金）」になります。「今」とは覆うことであり、ふたです。

「念」とは、ただ心に思うだけでなく、それにふたをすることを意味します。何かを深く思う。何度も何度もそのことを思う。そして次にそれにふたをして忘れる。すると心の奥でその思いがゆっくり、ゆっくりと発酵してくる。それが金のごとき「念」です。

白隠禅師が薦めた『延命十句観音経』には「朝念観世音、暮念観世音、念念従心起、念念不離心」という句があります。朝に観音さまを念じ、夕べに観音さまを念じ、毎朝、毎晩、観音さまを念じ、念じ念ずれば、観音さまのような菩提心は心から自然に起こるようになり、そしてさらに念じ念ずればそれが心から離れることがなくなる。

三ヶ月、仁を念じ続ければ、仁は心から生じるようになり、心から離れることがなくなるのです。そして「念」のための習慣、それが「思」なのです。

（念）　（今）　（金）

▼行ない尽くす

さて、孟子の「心を尽くす」（二九三頁）について、吉田松陰はさらに積極的な解釈をしています。『講孟余話』の中で、心を尽くすとは「心いっぱいのことを行い尽くす」ことであると松陰はいいます。「十五貫目を持つ力のある者は十五貫目を持ち、二十貫目を持つ力のある者は二十貫目を持つことが力を尽くす」ことである。自分の持てる限りの心力を、出し惜しみすることなくいっぱいに使う。それが「心を尽くす」ことであり、そして、それを念頭にまずは一事、そして一日から始めよ、そうすればその「性」を知ることができるというのです。これは王陽明の事上磨錬にも通じます。

「思」は大切です。しかし、ただ、頭で考えているだけではダメです。孔子は「かつて一日中食べず、一日中眠らず『思』をしたことがあった。しかし、それは益がなかった。それなら『学（學）』をした方がまだよかった」（吾れ嘗て終日食らわず、終夜寝ねず、以て思う。益なし。学ぶに如かざるなり〔衛霊公31〕）といっています。行動の伴わない「思」は、思考遊戯に陥ってしまい、自分を苦しめることすらあります。

適切な時間、適切な「思」を、身体的学習である「学」とのバランスの中で行なうことが大事なのです。

ちなみに松陰は「性を知る」の「知る」も、ふだん私たちが使う「知る」よりもずっと深い意味だといっています。「性」とは人が生まれつき持って出たものである。それは仁義礼智の性で、その性は元来善なるがゆえに、我も聖人も同じ者だということを「真に落着する」こと。それこそが「性を知る」ということだと松陰はいいます。

「心」は吾らの内にありながら、しかし天や聖人にも通じる聖なるものなのです。

……『論語』の中の「心」㈢音楽と「心」……

▼音楽と心

さて、『論語』の中で三つ目に「心」が現れるのは次の章です。

子、磬を衛に撃つ。蕢を荷ないて孔氏の門を過ぐる者あり。曰わく心あるかな、磬を撃つこと。既にして曰わく、鄙しきかな。硜硜乎たり、己れを知ること莫くんば、斯れ已まんのみ。深ければ則ち厲し、浅ければ則ち掲す。子曰わく、果せるかな。難きこと末きなり（憲問41）。

これまた不思議な章です。

衛の国にいる孔子が「撃磬(げきけい)」、すなわち磬(けい)を撃っています。磬というのはもともとは石でできた楽器ですが、周の時代には青銅器のものも作られています。「声（ ）」という漢字は「磬」をぶら下げた形からできました。

この章は音楽について語ります。音楽は『論語』の中で非常に重要な意味を持ちます。孔子が「詩に興(おこ)り、礼に立ち、楽に成る」（泰伯8）というように、「詩」を学び、「礼」を学んだ弟子たちが、人としての完成を目指すために学ぶものは「音楽」だったのです。

孔子が音楽を重視した理由のひとつは、音楽こそ周代の文化の象徴だったからではないでしょうか。

殷から周になったとき、出土する青銅器が変わります。酒器が減り、楽器が増えるのです。しかも吊(つ)り下げる楽器が増えます。楽器は吊り下げられると響きがより強調されます。神と交感しようとするとき殷の時代には酒や生贄(いけにえ)を使いました。酒が殷の滅亡を招いたと考えた周の人たちは、祭礼に酒を使うことを避け、代わりに楽器を使うようになります。

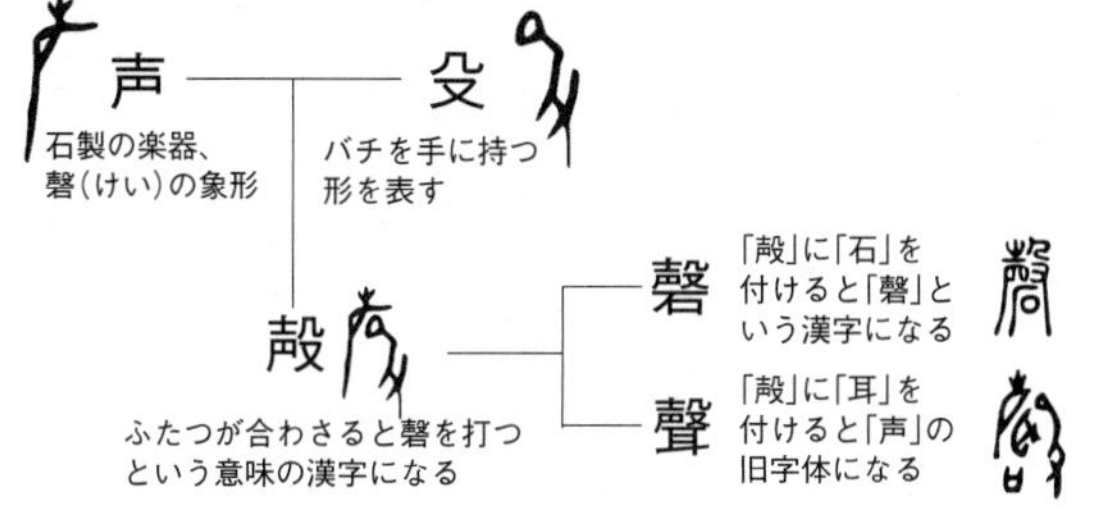
声
殳
石製の楽器、
磬（けい）の象形
バチを手に持つ
形を表す
殸
ふたつが合わさると磬を打つ
という意味の漢字になる
磬
「殸」に「石」を
付けると「磬」と
いう漢字になる
聲
「殸」に「耳」を
付けると「声」の
旧字体になる

「声」という漢字は、孔子が打ったとされる「磬（けい）」の象形。それにバチを持つ手をあらわす「殳」を付けたのが「殸」。これに「耳」を加えたのが「声」の旧字体である。白川静氏は、磬は神を招くときに打つものであり、「声（聲）」とは、もとは神聴に達する音をいうとする。古代文字の「声」には、これに「口」を加えたものもある。

音楽が「身代わりの〈山羊〉という供犠の模倣であり、しかも、それとすっかり同じ機能をもつ」というのはジャック・アタリです（『ノイズ』みすず書房）。音楽には、生贄も酒も使わずに神との交感を実現させる力があるのです。そして、楽器による神との交感は吊り下げられる楽器、それもいくつか並べられて吊り下げられる楽器によって可能となりました。

その代表が磬です。

さて、孔子はその磬を撃っていました。そこに、もっこを担いで孔子の門の前を通りかかる人がいます。最初に彼はその磬の音を聞いて、「心ある（有心）かな、磬を

（声＝磬の形）

撃つこと」といい、門を通り過ぎると今度は「鄙しきかな。硜硜乎たり」といいます。

朱子（しゅし）も指摘するように、音楽を聞いて、心があるかどうかがわかる、この幻の人物はただものではなさそうです。しかし、ここでは音楽と「心」には深い関係があった、ということに注目してみたいと思います。ちなみに「音楽と心」といっても、いま私たちが「あの音楽には心がこもっている」というのとはまったく違います。「心」とは何度もいうように、今の心とは違うものなのです。

この章は『史記』の「孔子世家」にも載っていますが、そのすぐ後に『史記』に載るエピソードも併せて紹介しておきましょう。次のようなエピソードです。

ある日、孔子が琴を鼓することを学んでいました。孔子に琴を教えるのは襄子（じょうし）という楽師です。

『論語』では孔子は「撃磬」、すなわち磬を撃っていましたが、同じく『論語』に撃磬襄（げきけいじょう）という楽師が現れます。撃磬襄は「撃磬」と「襄子」が合わさった名前です。撃磬襄は、その名のごとく「磬（けい）」を撃つことに優れた楽師だったのでしょう。孔子に琴を教えていたのは、この撃磬襄ではないかという説もあります（司馬貞）。その正否はともかく、少なくともゆかりの楽師であることは確かでしょう。

撃磬襄は後に海の外に赴くことになるという不思議な楽師です。撃磬襄の撃つ磬も、そしていま孔子が学ぶ琴も、ともに神霊を招く楽器です。撃磬襄とは始皇帝の命令により不老不死の薬を探しに海上に出たまま戻らなかった仙人、徐福のような神仙に関わる楽師だったのかも知れません。

さて、孔子が琴を学び始めて十日が経ちました。師は「もう充分なので先に進んだらどうか」と孔子にすすめます。孔子は「曲は習いましたが、まだその『数（数理）』を得ていません。もうしばらく稽古を続けさせてください」といい、琴を学び続けます。

しばらくして師は「もう『数（数理）』は充分だ。先に進んだらどうか」とすすめます。孔子は「『数』は得ることができましたが、その『志』をまだ得ていません」と応える。「志」とは異界に赴くこと、すなわち神霊と交信することです。曲は弾ける、数理もわかった。しかし、まだ神霊を招くことができない。こう孔子はいったのです。

さらに稽古を続ける。しばらくして師は「もう『志』も充分ではないか」といいます。孔子は琴によって神霊も招けるようになりました。しかし、孔子は「まだ『其の人』を得ていません」といいます。

「其の人」とはザ・マン、すなわち「まさにその人」です。神霊は招けた。しかし、この琴の曲によって招くべき「その人」が招けていない。そういい、孔子は稽古を続けるのです。

と、ある日、師匠である襄子の見ている前で、琴を鼓する孔子の顔がみるみる変容していきます。

師である襄子は驚きました。

その顔は世の常の人の顔ではない。深く思慮する静謐に包まれながら、しかも安らかな悦びの表情を湛え、人智を超える高い望みと、そして遥けき遠い志とを兼ね備えた顔へと変わっていったのです。

師は孔子に「どうしたのか」と尋ねます。

「やっと『その人』が降りて来ました。その顔は黯然として黒く、幾然として長く、眼は遠くを望み見るよう、そして中国全土に王たるその姿は周の文王以外には考えられません。この曲を作られたのは文王です」と孔子は応えます。

師は席を降り、孔子を再拝して、「確かにこれは文王が作られた楽曲であると、私は師から伝えられました」といいました。

文王とは殷を滅ぼし周王朝を建てた武王の父です。その徳によって殷王朝に従っていた諸侯からも声望を集めていた王です。文王の描写の「眼は遠くを望み見るよう」は、原文では「眼如望羊」と書かれます。これは「眼は羊を望むが如く」とも読めます。周の始祖が羊をトーテムとして戴く部族であることを考えると、孔子の眼は、遠くに羊の群れを望む羊飼いとしての若き文王の眼となって周王朝成立以前の大草原を眺めていたのかもしれません。

まさに「如」、その人そのものになることです。

『史記会注考証』の滝川亀太郎は、この「眼如望羊」を含め、このエピソードで語られる孔子の言葉が『論語』所収の孔子のそれとは大きく異なるために、後人の仮託だろうといいます。むろん、それに異論はありませんが、しかしこのような事実ではない伝説がむしろ真実を伝えていることがあります。

孔子が音楽を学ぶことによって、文王その人を感じ、そして文王その人に変容したということは、音楽に親しんでいる人ならば納得できるでしょう。

私たちは音楽を通じて、それを作った人と一体化することができます。しかし、正確にいえばそれは音楽を作った、人間としての「その人」ではありません。その時代の「心」にそぐわない音楽は、人々から受け入れられることはありません。音楽がその時代に流行るということは、音楽がその時代の「心」を象徴しているからです。私たちが音楽によって「その人」と出会うということは、その時代を代表する人としての「その人」に出会うことであり、そしてその時代の「心」に出会うことでもあるのです。

……『論語』の中の「心」(四)心の欲する所に従う……

▼「欲」というのはセクシャルな語

さあ、では、いよいよ最初に紹介した「従心」の句に戻りましょう。

七十にして心の欲する所に従いて、矩(のり)を踰(こ)えず(為政4)。

一四年間の長い放浪の日々を経て、六十九歳になった孔子はやっと故国に戻りました。そして翌年、七十歳のときの境地がこの「心の欲する所に」云々(うんぬん)の言葉です。八掛けでいえば現在の八十八歳、米寿。七掛けならばなんと百歳です。ちなみに孔子は七十四歳まで生きていたといわれるので八掛けで九十三歳、七掛けで百六歳です。すごい。

「心の欲する所に従いて、矩を踰えず」と書かれるこの文は『論語』全体から見るとおかしなところがいくつかあるのですが、何といっても「心が欲する」という表現がここ以外にはないのです。『論語』では「欲する（欲）」の主語になるのはほとんどが「人」です。それも「われ」か「おのれ」が多い。

「俺が」したいのです。それはそうです。だいたい「欲」というものは自我と強く関連します。

「欲」は、孔子の時代にはなかった新しい漢字です。では、孔子時代にはどんな漢字を使っていたか。「欠」を取ってみると「谷」になります。西周期の金文などでは「谷」という漢字をそのまま「欲」という意味に使っているので、「谷」がすなわち「欲」と考えていいでしょう。

「谷」というのは性的な漢字です。

（谷）

「谷」の上の「八」は「分け入る」というイメージを持ちます。同音の「発（發）」

は両足を開いて進む意です。その両足を開いて進む先が「谷」なのですが、谷といえば『老子』の「谷神」を思い出します。

> 谷神は死せず、是れを玄牝と謂う。玄牝の門、是れを天地の根と謂う。緜緜として存するが若く、これを用いて勤きず（『老子』第六章）。

谷神は玄牝、すなわち奥深いところ（玄）にある女性（牝）であり、玄牝の門は天地の根っこです。それは谷の如くに濡れそぼち、産む働きを永遠に続ける、と『老子』にいいます。

となると、谷神とは女性性器です。

そんな性的なイメージを持つ「谷（欲）」に「心」は似合わない。やっぱりおのれの肉体が欲するという方がしっくりきます。

▼正しく欲する心

「心所欲（心の欲する所）」という句には「心」と「欲」という二つのキーワードが含まれるのですが、この両者は相反する性質を持っています。「心」は、「吾等の衷なる天」で、普段は「肉」やさまざまな不純物の奥に隠れてしまっている純粋精妙なるものです。それに対して「欲」とは、その純粋精妙たる「心」を隠す、肉やさまざまな不純物の活動根拠です。ふつう心は「欲」という述語は取らず、欲は「心」という主語をいただきません。ところがここではその相反する二つのキーワードが何の違和感もなく併用されています。それは七十歳（現在ならば百歳）という年齢がなせるわざではないでしょうか。

人は七十歳（百歳）になれば、肉や不純物がめりめりと剝がれ落ちていき、自力で尽くす必要もなく、身の中心にある「心」が自然に外に現れる。そして、本来は肉の活動である「欲」を、内なる天である「心」がするようになる。相反する二つのものの統合が行なわれるのです。

そしてこの「心の欲望」に肉である身体がついていけば、矩を越えることもなくなる。だからこの句は「心の欲する所に従えば、矩を踰えず」と読みたいと思うのです。

いまの私たちだって心は欲しています。しかし、肉も欲している。しかも強く欲している。私たちはまだまだ肉の欲望の方が心の欲望よりも強いので、深奥にある心の欲望に気づくことはありません。

孔子だって肉の欲望に翻弄されたことがあったでしょう。後で考えれば、「あのとき『心』、すなわち正しい直感に従っておけばよかった」と後悔することもあったに違いありません。

君子の三戒の中で、孔子は「若いときは、血気がまだ定まらないので、その戒めは女色にある」（少き時は血気未だ定まらず、これを戒むること色に在り〔季氏7〕）といいます。ちなみに「色」という漢字は性交の形を象っています。女性に対する戒めではなく、性交に対する戒めです。それも、ただの戒めではありません。君子の戒めです。君子でも若いときには「色」に気をつけなければならないのです。

また、『論語』の中で二度もくり返される「私はまだ色を好むほどに道徳を好むものを見たことがない」（吾れ未だ徳を好むこと色を好むが如くする者を見ざるなり〔子罕18〕）という言葉だって、「まだ見たことがない」といっているわけですから、孔子自身だって道徳よりも「色」に心が動いたときもあったのかもしれません。いや、そうに違いない。

「心の欲する所に従えば、矩を踰えず」というのはそういう過去を振り返っての述懐でもあったように思うのです。

しかも、現代人の私たちは孔子時代の人々よりも「欲」に関してはもっと悲劇的状況にいます。私たちは正しく欲することすらできません。肉の欲望ですら難しくなってしまっているのです。

赤ん坊のときは純粋に肉の欲望で行動することができます。お腹がすけば、食欲を満たすためにおっぱいを欲しがる。お腹がいっぱいになって欲望が満足させられれば、それ以上のことは求めない。しかし、ちょっと大きくなるともうダメです。

おもちゃの自動車が欲しいという欲求が、たとえば生じます。デパートで泣き叫んで買ってもらう。でも、自動車を手に入れた瞬間に飛行機が欲しくなる。何を得てもそれで満足できずに、それ以外のものを欲する、そんな欲求に変わるのです。暑ければ寒さを恋しがり、寒ければ暑さを求める。それは「肉の欲望」ですらない。象徴の欲望です。

私たちの中には絶対に埋めることのできないコトとしての「欠落」があり、それが現実世界に投影されて、たとえば飛行機、たとえば暖かさ、たとえば恋人という具合にモノの欠如として感じます。象徴の欲望は、コトとしての欠落をモノで埋めようとする空しい（しかし非常に人間的な）行為なのです。

そして、それがずっと続く。大人になっても続く。私たちの一生のほとんどの時間は、絶対に埋めることができない欠落を追い求める旅であるともいえるでしょう。

しかし、孔子は七十になって、また赤ちゃんの頃の本当の肉の「欲」に戻ったのではないでしょうか。むろん赤ん坊の頃に戻れるわけはありません。肉の欲望も、象徴の欲望も持ちながら、しかし「思」によって心を尽くすという試みをくり返すうちに、純粋精妙なる「心」に到達して、純粋な肉の欲とともに「心」の欲をも持ち得るようになったのです。肉もまだ求めている。象徴もまだまだ求めている。しかし、その深奥に「心」からの「欲望」があるのです。

▼欲望を肯定する孔子

ここで孔子が「欲」という語をあえて使ったことに注意したいと思います。いくらそれが「心」からのものであっても欲は欲です。多くの宗教では欲望を否定します。しかし、孔子はこの年になってもまだ「欲」という語を使う。いくつになっても欲望を持ち続け、しかもそれを公言する。これはすごい。「切磋琢磨(せっさたくま)」のところでも書いたように、孔子の教え方は禁止や規制という方向ではなく、楽しみや好みという快感原則を大切にします。欲を抑えるのではなく、その欲が出てくるところを深く突き詰めていく。すると肉体の奥にある「心」に到達し、そこから欲するようになる、そういう方法論です。しかも「心の欲する所に従う」というように「従う」ということばを使っています。心の欲に身体が従う。ただ観念としていっているのではなく、いくつになっても欲望に従う身体性を持ち続ける。それが孔子です。

それができれば「矩(のり)を越えなくなる」。いや、それどころか、矩なんてものは最初からなかったということに気づく。矩などというものは人が作ったもの、心が作ったものです。心に従ったとき自分は心と一体化し、矩や規制は心が作ったものだということに気づき、「何だ世の中、そんなものだったのか」とわかってしまうのでしょう。悟りの境地です。

私たちはまだまだそんな境地にはなれません。しかし、普段から自分の欲を見つめることはできます。静座のときに自分の欲を見つめつつ、「この欲はどこから出てきたものなのか」、そんな風に自分の欲についても積極的に「思」をしてみるのです。すると欲は肉、すなわち自我とか私の欲を通り越して「心」、すなわち万人のための大欲になるのです。

▼天の死と人の心の発生

さて、この「従心」の境地が生まれたのが孔子の晩年だったということをもう一度思い出してみましょう。

晩年の孔子を二つの大きな不幸が襲いました。子の鯉（伯魚）と高弟、顔回とを相次いで亡くしたのです。息子の死もショックだったでしょうが、しかし特に顔回の死は孔子にかつてないほどの喪失感を与えました。顔回が死んだとき、孔子は「噫、天予れを喪せり、天予れを喪せり」（先進9）と慟哭したと『論語』にはあります。

「天は私を滅ぼした」という歎きは、天に対して絶対的な信頼をおいていた孔子の驚くべき変節とも取れる述懐です。顔回の死は、最愛の高弟を喪失しただけではなく、天に対する信仰をも喪失した瞬間でした。

孔子は顔回の死によって、天は頼むべきものではないことを身をもって知りました。孔子の天に対する慨嘆は、「神は死んだ」と叫んだツァラトゥストラをも彷彿させます。

このとき孔子は周王朝創設以来、人々がもっとも尊重してきた「天」を一時的に失います。しかし同時に、その瞬間、彼は天よりも頼むべきものとして「人」がそこにいることに気づくのです。

それは揺れる心や弱い肉体を持ちながらも、しかしその深奥に汲めども尽きせぬ無限の「心」の湖水を湛えた人間です。それに気づいた孔子は、人間の真骨頂である

「心」を発現させる徳目である「仁」の確立の重要さを再認識し、そして人同士の相互関係である「信」の必要性を感じたでしょう。

しかし、孔子は「天」を捨てたわけではありません。

天は私たちの中に入ったのです。いや、天（[illegible]）という漢字自体が「人＝大」の頭部を強調した形であるということは、人々の信奉する超越者が「帝（殷）」から「天（周）」に代わった時点で、超越者は実は私たちの中に入っていたのです。カントの「吾等の衷なる神」であり、大川周明の「吾等の衷なる天」です。だからこそ周の時代になって「心」が生まれた。「心」は超越者が天に代わった時点で生まれ、私たちの内部に潜んだ。そして、いつか発掘され、本来の力を発揮できる日が来ることをずっと待ち望んでいた。

しかし、孔子の誕生まで、それに気づく人はいなかった。孔子ですら、顔回の死という、かつて味わったことのなかった喪失感を体験することによってようやくそれに気づいたのです。

イエスは「わたしが来たのは律法や預言者を廃止するためだ、と思ってはならない。廃止するためではなく、完成するためである」（マタイによる福音書5：17）といいました。

孔子は、天をはじめて客観視したことによって、そのすごさや重要性をも再認識し、そして人としての完成と天の完成とが一致した境地である「仁」や「聖」を目指すようになりました。そして、その境地を目指すべく「心」を使って日々を生きる、「君子」としての生活を人々に勧めるのです。

▼心からの働き

さて、こんな風に考えてみると、『論語』の中の孔子の思想は、実は顔回の死以降に確立されたのではなかったか、などと妄想してしまいます。むろん、顔回と語り合っている言葉もあるし、顔回自身の言葉だって『論語』には載っています。だから、そんなことはむろんないことはわかっています。しかし、目覚まし時計が鳴った瞬間に物語が作られるという夢があります。『論語』も、孔子による心の発見とともに、目覚まし時計の夢のように、すべてが奔流のようにすごい勢いで逆行していって作られたものかも知れない、そんな風にも考えてしまうのです。

顔回の死から孔子の死まで三年。『聖書』に載るキリストの言動が、実はたった三年の間のことだったという事実を考えれば、それもあり得ることかとも思います。

さて、顔回の死のとき孔子はもうひとつ不思議な行動をします。

顔淵死す。子これを哭して慟す。従者の曰わく、子慟せり。子曰わく。慟すること有るか。夫の人の為に慟するに非ずして、誰が為めにか慟せん（先進10）。

顔回が死んだとき孔子が慟哭しました。「慟」という哭き方です。これは「礼」違反です。白川静氏によれば慟哭が許されるのは肉親に対してだけであったそうです。普段から礼にうるさい孔子が、いくら親しいからといって身内の者ではない顔回の死に慟哭するなどということは、周囲の者から見れば驚愕の出来事だったでしょう。だから従者はそれを指摘します。孔子はそのときはじめて自分が慟哭していたことに気づきました。

「私は『慟』していたか」（慟すること有るか）、そう孔子はつぶやきます。しかし、続けて「彼の人のために『慟』しないで、誰のために『慟』するのか」といいます。

孔子の慟哭は「心」からの慟哭でした。むろん、それは礼、すなわち矩である規範からは逸していません。しかし、どんな行動も、どんな感情も、それが「心」から発せられるとき、そこに矩それ自体がなくなる。礼も、そして仁も、そのほかどんな徳目も、さらには天ですら「心」からの働きには及ばない。

心の欲するところに従えば、矩すらも存在しなくなる。

しかし、せっかくのそんな孔子の境地も門人たちにはなかなか理解されなかったようです。顔回の葬儀を立派に行ないたいという門人たちに、孔子はダメだと告げます。それにもかかわらず、門人たちは盛大に行なう。孔子の意を汲んでやったのだと勝手に思い込んだのかもしれません。孔子は亡き顔回に向ける顔がなかった。「わたしがやったのではない。あの門人たち（二三子）が勝手にやったのだ」（先進11）と柄にもない言い訳をします。

それから三年後、孔子も亡くなります。

孔子の死は、少なくとも『論語』の中ではほとんど語られていません。『史記』や『礼記』にはそれらしい話が載っていますが、それは後人の粉飾でしょう。『論語』の中には次のエピソードが載るだけです。

孔子が重篤な病になったとき、弟子の子路は門人たちを臣下のようにしたてて最後を立派に飾ろうとしました。孔子はそれをやめさせ、「自分は臣下のようなものたちの中で死ぬよりは親しいお前たち（二三子）の手の中で死にたいのだ」（子罕12）といったのです。

たぶんそのような静かな死であったでしょう。

しかし、門人たちは孔子の遺志に反して顔回のときのような大掛かりの葬儀を催したかもしれません。死者に対しての敬虔(けいけん)さは大切にしながらも、死者を必要以上に偶像化しなかった孔子の遺志もやはり無視され、孔子の偶像化が進み、今に至っています。そのために見えなくなってしまった多くのことがあります。

が、孔子が「我仁を欲せば、斯(ここ)に仁至る」(述而29)といったように、私たちもそれを望めば孔子の魂といまここで対面することができるはずです。孔子の生きた春秋末期にも似てさまざまな価値観が崩れようとしている今こそ、ひとりひとりがひとりひとりの方法で『論語』と、そして孔子と向き合い、対話するときだと思うのです。

おわりに

『論語』の本はどうしても難しくなりがちです。また、書いていて気づいたのですが、どうも格好よく書きたくなります。その欲求を極力おさえて（そして編集子の厳しい指摘を受けながら）、多くの方が気楽に読める本にしました。

が、その結果、たくさんのことを書き残しました。特に「君子（くんし）」と「小人（しょうじん）」のことと、「音楽」のことなどはもう一章ずつありましたし、甲骨文や金文の説明はもっと詳しくありました。ともに今回はばっさりとカットした結果、最初の原稿のほぼ五分の一になっています。物足りない部分もあるかもしれません。申し訳ございません。

さて、『論語』について書こうと思ったきっかけとして、『論語』が心のマニュアルであったと気づいたことと、能の舞台で『論語』のすごさを再確認したというふたつのことを書きました。

が、実はもうひとつあります。

かなり大上段からの話になるのですが、日本人はこれからどうなってしまうんだろうかということを考えたこと、それも『論語』について書こうと思ったきっかけです。

ナチスによるユダヤ人大虐殺の証言を集めた『ショア（*SHOAH*）』という映画の中で「ユダヤ人とは聖書を読む民である」という表現がありました。では日本人とは何か。もし何らかの理由で私たちが列島を追われ、言語を剝奪され、名前も奪われて、果てしない放浪生活を余儀なくされたとき、千年後でも私たちは日本人たり得るのか。ユダヤ人が聖書を読む民だとしたら、私たちは何をもって日本人であるといえるのか、それを考えました。

日本文化の特質は「重層的」である、ということはよくいわれます。

仏教という強固な論理性を持った宗教が入ってくれば、それ以前の宗教である神道は滅びてしまうのが普通です。ところが日本人は神道という層に重ねて、新たな仏教という層を置いた。それも神道をちゃんとキープしたままにです。

これは宗教だけではありません。ハングルの普及は朝鮮半島から漢字をほぼ完全に駆逐しました。しかし、日本ではひらがなの普及後にも漢字は残り、カタカナだって使います。文学だって、建築だって、服飾だって、法律や制度だってみなそうです。

日本の文化は何層にも重なり続けながら、しかも下層の文化をちゃんと残す。何層にも何層にも積み重ねられた文化は、（比喩的にいえば）自己の重さでその質量を増します。質量が増せば、それはブラックホールのように、磁力のような力を持つことになる、はずです。重層性によって質量を増した日本文化には、ブラックホールのようにすべてを呑み込んでしまう力はさすがにないけれども、しかし入ってくる文化の軌道をガッと変えて日本風にしてしまうという力はある。

古来、我らが先祖たちは、新たなものが入ってきても、それに乗っ取られることはなく、和魂漢才だとか、和魂洋才だとかいって自分たちなりに変えてきました。世阿弥はこのような現象を「ものまね」と名づけたことは本文でも書きました。

「ものまね」は猿真似ではありません。日本語の「もの」は抽象化の語です。「もの思い」とは何か具体的なことを思うのではなく、ぼんやりと何かを思うことであり、「ものの怪」とはその実体が判然としないから「ものの怪」なのです。

何かを真似するときに、そのものを真似するのではなく、その本質のみをざっくりと真似て表層は状況に合わせて自由自在にころころ変える。それが「ものまね」です。能では漁師や木樵もみな高価な装束を着ます。そういう意味では本物とはまるっきり違います。しかし、漁師であること、木樵であること、という「こと」の部分、すなわち本質の部分を真似するというのが、日本の「もの」なのです。

日本人とは何か物質に依存する民族ではなく、「こと」をその基底に持っている民族なのです。法隆寺がなくなっても、いつでも法隆寺に象徴される本質、すなわち「こと」は再現できる。だから伊勢神宮や出雲大社の式年遷宮のように、どんどん壊してても平気だし、年々歳々新たにしていく新年を大切にする。

私たちの基底には、重層性に裏打ちされたすごい質量を持った「こと」としての日本文化があるから、国土がなくなっても、言語がなくなっても、平気なのです。

いや、平気なはずでした。

ところが現代はそれが危機に瀕しています。重層的な文化が私たちから消えつつあるのです。第二次世界大戦後、日本人は自らの重層的な日本文化を積極的に捨てるという作業にまい進してきました。重層的な文化がないところに外からの文化を受け入れれば、それはものまねではなく、盲目的な受け入れ、すなわち猿真似になってしまいます。

日本ははじめて自国の文化を完全に消失するかもしれないという危険性や、単なる猿真似国民に堕してしまうという状況に直面しています。

ちょっとこれはまずいんじゃないか、と思っています。そんなわけで寺子屋を開いているのです。

日本文化の層を形成するものは、日本の古典と漢籍が中心です。日本の古典を身につけるためには能の謡を、そして漢籍のためには『論語』などの素読を寺子屋でも行なっています。素読といっても節をつけて読んだり、舞いながら読んだりもしています。基本は「身体で読む」です。また、ご住職から仏教のお話をしていただいたり、さまざまな方面で活躍する方にゲストとしてお出ましいただき、お話ししていただいたりもしています。

寺子屋の祖のひとりである心学の石田梅岩も儒教・仏教・道教、なんでも取り入れることを薦めています。夏目漱石は寺田寅彦とアインシュタインの新説を確かめるべく東京帝大で研究をしたあと、和服に着替えて宝生新とともに能の謡を謡った、そんな時代がありました。脳科学や理論物理やマーケティングの議論をしたあと、日本文化や漢籍について語り合う、そんな日本人が増えてくれればいいなと思っています。

この重層的な文化の獲得は一朝一夕にできるものではありません。ゆっくりと時間をかけて、身につくようにしなければなりません。即席はダメです。

本書も、重層的な文化を獲得する、そのゆったりした時間の中で読んでいただけるように肩の力を抜いて書きました。ゆったり、まったり気楽にお読みください。

最後に、「日本と東アジアの未来を考える委員会」にお誘いいただき、『論語』の話をする機会を作っていただいた松岡正剛（せいごう）氏に心からの感謝をいたします。松岡氏には、金文関係の貴重な書籍の閲覧をもお許しいただき、氏の蔵書をまるで図書館の本のように使わせていただきました。

そして寺子屋を開かせていただいている東江寺ご住職の飯田義道師や能の笛方の槻宅聡（つきたくさとし）氏には、いつも深遠なるご教示をいただいております。聖書の「あわれみ」が「はらわたが動く」が原義だったということなどは槻宅氏のご教示です。

また、寺子屋に参加していただいている皆さま、臨床心理士の友人の会に参加いただいている皆さま、いつも『論語』の話をお聞きいただき、本当にありがとうございます。

そして何より、本書を手にしていただいている方、さらに購入してくださった方、心より感謝をいたします。

二〇〇九年　秋

安田登

文庫版あとがき

本書を書いてから九年が経ちました。

扱っている題材が二千年以上も前のものなので九年くらい経ったってアップデートの必要なんてないんじゃないか、という方もいらっしゃると思うのですが、ところがどっこい、この九年の間には『論語』を読む上でも重要な変化がいくつもあったのです。

そのひとつが新資料の発見です。その最大のものは「清華簡」と呼ばれる「清華大学蔵戦国竹簡」です。これは盗掘によって出土し、散逸していたものを清華大学の卒業生である趙偉國氏が買い戻して、母校に寄贈したそうです。大学が取得したのは二〇〇八年。そして二〇一〇年以降、順次公開されています。

キリスト教における世紀の発見といわれた「死海文書」が、買い手が長い間つかなかったために、その多くがロッカーの中で腐敗してしまったことを考えると、本当にラッキーですし、中国の富裕者の太っ腹と文化に寄与しようという意気を感じます。

この「清華簡」が戦国時代のものであるということが、まずはすごい。秦の始皇帝の焚書坑儒によって、それまでの儒教経典のほとんどが灰燼に帰したと思われていたのに、今世紀に至ってそれ以前のものが突如として現れた。しかも、『論語』ファンならば泣いて喜ぶこと間違いなしの「周公之琴舞」という詩（周公は孔子が夢にまで見た人ですし、琴は孔子も学んだ楽器です）もあるし、『書経』の「金縢」にほぼ一致する「周武王有疾周公所自以代王之志」という一篇もありました。これと「金縢」の異同を比べることによって、殷（商）の最高神である「帝」が、周になると「天」に代わる過程なども見えてきたりします。

「清華簡」の研究がさらに進むと、『論語』の読みは大きく変わってくるでしょう。

また、この九年間は時代も大きく変化しました。そのひとつが人工知能（AI）やICT（情報通信技術）を始めとする科学技術の急速な進歩です。

ディープラーニングのおかげで、今年（二〇一八年）に入ってグーグル翻訳の精度はぐんとあがりました。ドラえもんの「ほんやくコンニャク」のような翻訳マシンも安価で購入でき、言葉の壁はなくなりつつあります。また、VRやARも日進月歩で、現実と仮想の区別がなくなる日も近いのではないかと言われています（私は二ー年以上前に3DCGの書籍を数冊書き、いまもVRやARに関わっています）。

個人のPCに入っている程度のAIが、すべての人類の脳を凌駕するようになるという「シンギュラリティ」や、ひとりの脳をそっくりコピーするという「全脳エミュレーション」という研究もよく知られるようになりました。また、人の寿命が驚異的に伸びるという予想もありますし、貨幣経済や中央集権的な統治システムも崩壊するかも知れないともいわれています。しかも、そんなに遠くない未来に。

それが実現するかどうかはむろんわかりません。しかし、もし実現すれば生活そのものも大きく変わるし、孔子の時代の少し前に生まれた「心」も変化するはずです。

本書のテーマのひとつは「心」でした。『論語』は、心の副作用である不安への中国最初の処方箋ではないか、そう書きました。実はこのアイデアのきっかけになった本があります。南アフリカのドミニコ会士で聖書学者でもあるアルバート・ノーランが書いた『南アフリカにいます神――福音の挑戦』(南窓社)です。

アパルトヘイト政策を敷く南アフリカで布教をしていたアルバート・ノーランは、ドミニコ会の総長に推されますが、それを断ります。自分がすべきことは、差別や迫害の激しいこの地において神を探すことではないか、そう考えたからです。

彼は、自身が教会で述べ伝えている「福音」自体にも疑問を呈します。福音とは、本来、グッド・ニュース(よき知らせ)のはずです。それは「希望をつくりだし、人々を元気づけるような」知らせです。苦しんでいる人たちが福音に接すれば欣喜雀躍(じゃくやく)として踊り出したくなるはずですし、苦しみは消えるはずです。

しかし、いま教会で述べられている福音はどうだろう。グッド・ニュースどころか、ニュースですらないではないか。

ノーランの「福音」に対するこの考えを読んだときに、『論語』はどうだろうかと思いました。心の処方箋である『論語』も本来は福音だったはずです。孔子本人も「自分は若い頃は卑賤(ひせん)だった」と述懐しています。彼が親しみを感じていたのは弱者でした。彼が実現したかったのは弱者から、その苦しみを取り除くことでした。

そこで、「おわりに」で少し触れた臨床心理士の友人の会では、私も引きこもりやニートと呼ばれている人たちと『論語』を読み直してきました。

この九年の間、心身ともに苦しんでいる人は増えています。いまこそ多くの人に『論語』の読み直しをしていただきたいと思っています。読み直しの方法は人それぞれです。本書では「こんな方法もあるのでは」というひとつのアイデアを提示しました。本書が皆さまの読み直しのきっかけとなれば望外の喜びです。

二〇一八年　初夏

安田登

【参考文献一覧】

多くの本を参考にしたが、主要なもので入手可能なものを掲載する。順不同。

◎論語関連書

加地伸行訳注『論語　増補版　全訳注』（講談社学術文庫）。内容はもちろん、索引も充実。どれか一冊というならこれ。

金谷治訳注『論語』（岩波文庫）。携帯に便利。注釈がついていないので注意。

貝塚茂樹訳注『論語』（中公文庫）。金石学に基づく独自の解釈。

宮崎市定『論語の新しい読み方』（礪波護編、岩波現代文庫）。こちらも独自の解釈。

吉田賢抗『論語』（新釈漢文大系、明治書院）。注釈が充実。

武内義雄『論語之研究』（岩波書店）。一度は読んでおきたい。

＊

伊藤仁斎『論語古義』（「日本の名著〈中央公論社〉」版では現代語で読める）。

荻生徂徠『論語徴』（小川環樹訳注、平凡社東洋文庫）。

安井息軒『論語集説』（漢文大系第一巻所収、冨山房）。漢文。必携の一冊。

何晏『論語集解』（『論語集説』に収録）。

朱熹『論語集注』（『論語集説』に収録）。

鄭玄『論語鄭氏注』。

『論語引得』（哈仏燕京学社）。一字索引。本文も載せる。

◎**漢字関連書**

許慎『説文解字』。検字つきのものを入手しましょう。

白川静『字通』（平凡社）。CD－ROMもあるので携帯に便利。本書でも大変お世話になった。

白川静『常用字解』（平凡社）。

加藤常賢『漢字の起原』（角川書店）。白川説との違いを知るためにもぜひ。

赤塚忠ほか編『漢和中辞典』（旺文社）。語源に詳しい。

赤塚忠ほか編『新字源』（角川書店）。語源に詳しい。携帯に便利。

藤堂明保編『学研漢和大字典』（学習研究社）。音韻に詳しい。

諸橋轍次『大漢和辞典』（大修館書店）。

◎中国古代文化（甲骨・金文を含む）関連書

『甲骨文合集』（中華書局）。膨大な甲骨を網羅。

『殷墟甲骨刻辭類纂』（中華書局）。上記の索引。完全ではないので要注意。

『小屯南地甲骨』（中華書局）。小屯南地の甲骨を掲載。索引も含む。

『殷周金文集成』（中華書局）。膨大な金文を網羅。

『殷周金文集成引得』（中華書局）。上記の索引。完全ではないので要注意。

『甲骨文校釈総集』（上海辞書出版社）。釈文のみだが現時点でのほとんどの甲骨を網羅。

松丸道雄、高嶋謙一編『甲骨文字字釋綜覽』（東京大学出版会）。甲骨文字の解釈を載せる。

島邦男『増訂殷墟卜辞綜類』（汲古書院）。

崔恒昇編著『簡明甲骨文詞典』（安徽教育出版社）。手軽な甲骨文字の辞書。携帯に便利。

＊

『貝塚茂樹著作集』（中央公論社）。まずはここから。

赤塚忠『中国古代の宗教と文化』（研文社）。殷代の上帝祭祀を再現。オンデマンドで入手可能。

『赤塚忠著作集』（研文社）。甲骨・金文、中国古代文化史等多彩。オンデマンドで入手可能。

『白川静著作集』（平凡社）。別巻には説文新義や金文通釈も収める。

島邦男『殷墟卜辞研究』（汲古書院）。殷代に上帝祭祀があったということを立証。

加藤常賢『真古文尚書集釈』（明治書院）。「王若曰考」はすごい。

『聞一多全集』（朱自清ほか編、中国語、開明書店）。天才の偉業。

《羌族詞典》編委会編『羌族詞典』（巴蜀書社）。本書でもたびたび登場する羌族の辞典。

林泰輔『周公と其時代』（名著普及会）。孔子が理想とした周公旦に関する詳しい論考。

東京大学中国哲学研究室編『中国の思想家』（勁草書房）。周公旦から始まるところが面白い。

周冰『巫・舞・八卦』（新華出版社）。小著ながらも示唆に富む一冊。

*

『十三経注疏』（中華書局）。

滝川亀太郎『史記会注考証』（上海古籍出版社）。史記を読むならこれ。

小林勝人訳注『孟子』（岩波文庫）。

吉田松陰『講孟余話』（広瀬豊校訂、岩波文庫）。

大川周明『中庸新註』（大阪屋号書店）。「誠」の解釈がすごい。

マルセル・グラネ『中国古代の舞踏と伝説』（明神洋訳、せりか書房）。白川学もここから始まる。

マルセル・グラネ『中国人の宗教』（栗本一男訳、平凡社東洋文庫）。

◎その他

理化学研究所脳科学総合研究センター編『脳研究の最前線』（講談社ブルーバックス）。

ジュリアン・ジェインズ『神々の沈黙』（柴田裕之訳、紀伊國屋書店）。

スティーヴン・ミズン『心の先史時代』（松浦俊輔・牧野美佐緒訳、青土社）。

ジャック・アタリ『ノイズ』（金塚貞文訳、みすず書房）。

カール・バルト『ローマ書講解』（小川圭治・岩波哲男訳、平凡社ライブラリー）。古典の革命的読み方。

M・メルロー＝ポンティ『知覚の現象学』（竹内芳郎・小木貞孝訳、みすず書房）。特に音楽の記述。

解説　多能の人

内田　樹

解説というのは、本の内容を熟知している人が、少し違う視点からコメントするものだと思います。ところが、僕は安田さんがここで論じていることについては、ほぼ全部「ええ、そうなんですか！」と驚きながら読んでいるわけで、専門的な立場からのわかったような解説ということはできません。それでも、解説を引き受けたのは、安田登さんという破格な人物の人となりについてなら、安田さんを書物によってしか知らない読者にいくらかは「解説」することができるかも知れないと思ったからです。

安田さんについての僕の印象は一言で言うと、「底知れない人」です。僕ももう七十年近く生きてきていますので、博覧強記の人というのはずいぶん出会いました。圧倒的な学殖というものに触れたこともあります。けれども、「いったいこの人はどんな人生を送って来て、どんな経験を積んできたのか」について想像が及ばない人というのは、安田さんがはじめてです。

最初に安田さんの名を知ったのは、安田さんがロルフィングの専門家として書いた『ブロードマッスル活性術』という本によってでした。たまたま家にあったその本をぱらぱらめくっているうちに引き込まれて、つい最後まで読んでしまいました。僕は合気道を長く稽古しており、道場で指導もしているので、さっそく次の稽古の時に「ブロードマッスル合気道」というものを思いついて実験してみました。僕は何でも「自分の身体を通じて確認してみないと気持ちが片づかない」人間なのです（その点では安田登さんと同一種に属しています）。そして、「この人は人間の身体のことがわかってる」と思いました。

それから不思議なご縁があって（私の妻は大倉流の小鼓方で、箱根神社で安田さんとコンビを組んで、子どもたちの延年舞というものの指導に当たっていたのでした）、今度は能楽師としての安田さんとお会いして、能楽について語り合うことになりました。僕は観世流の能楽も長く稽古しているので、舞や謡がどれくらい習得に難しいものであるかは身にしみて知っています。玄人のワキ方としての安田さんの能楽についての言葉はひとつひとつ僕の身に応えるものでした。

その後、なぜか『論語』についても対談することになり、何度か繰り返したその対談は昨年書籍化されることになりました（『変調「日本の古典」講義』、祥伝社）。

僕が能でシテをやる時は安田さんにワキ方をお願いしました（『羽衣』と『敦盛』と二度お相手をお願いしました）。僕の主宰する凱風館道場に浪曲師の玉川奈々福さんと一緒に来て頂いて、漱石の『夢十夜』の語りをしてもらったこともありますし、僕の方は安田さんの主催する「天籟能の会」には毎年伺って舞台でいろいろお話をしています。今年の夏は安田さんがプロデュースするシュメール語演劇『イナンナの冥界下り』を凱風館で上演してもらう予定です。そういうふうに何か企画が出るたびに、こまめに行き来している二人であります。

安田さんが僕の前に登場する時の「肩書」はそのつど違います。最初は上に書いた通り、医療家としてでした。次は能楽のワキ方として、その次は古代中国文字の研究者、『論語』の注釈者として、それから舞台のプロデューサー、語り芸の演者……そのつど別の相貌を見せてくれます。僕が知る前にはジャズ・ピアニスト、ゲームのデザイナー、高校教師などもしていたそうです。驚くべきことは、そのどの職域においても、安田さんがプロフェッショナルだということです。それら全部の職業について、ご飯が食べられるだけの知識と技能をお持ちなのです。ですから、因習的な意味での「肩書」というのは、安田さんには当てはめることができません。安田さんはまことに多能の人なのです。

この「多能」ということについては、安田さん自身が思うところあるようです。それは本書の中にも出て来ます。

孔子の「吾れ少くして賤し。故に鄙事に多能なり」と自分を評した言葉がそれです。孔子は若い時には賤しい身分でした。ですから、さまざまな俗事に精通していた。『論語』ではこの箇所にはこんな文言が続きます。「君子は多ならんや、多ならざるなり（君子は多能であろうか。そうではあるまい）」。多能は君子たるための条件ではない、孔子はそう言うのです。「吾れ試いられず、故に藝あり」というのも孔子自身のおのれの多能についての説明です。「自分は公職に重用されることがなかった。だから、多芸である他なかったのだ」。孔子にはおのれの多芸多能を誇るべきこととは思っていないようにも読めます。けれども、安田さんはこれにいささか違う解釈を付します。

「この述懐は謙遜か、あるいは卑下のようにも聞こえますが、実はこれこそすごい自負の言葉なのです。賤しい生い立ちだからこそ『鄙事』に多能であり得た。多能であるということ、それは儒者にとっては絶対に必要な条件なのです。」（83～84頁）

多能について、安田さんはこう書きます。

「孔子は『君子は器ならず』といいます。『器』というのは、ひとつのことしかできない狭い専門家です。君子とは『器』ではなく、さまざまなことができる多能の人です。」(84頁)

安田さんのこの解釈は先ほどの「君子は多ならんや」という孔子自身の発言と微妙に背馳するように思われます。でも、僕はこういうところを読むとちょっとどきどきしてきます。さて、孔子はほんとうは何を言おうとしたのでしょうか?

孔子自身は自分は意図して多能の人になったわけではないと述べています。鄙事に通じなくてもご飯が食べられて、官途が開けるような結構な身分だったら、多能にはならなかった、と。でも、多能であることが君子となる妨げになるとも書いていません。王侯にも君子があり小人があるように、鄙人にも君子があり小人がある。当然です。

でも、孔子は多能の人でしたが、その門人たちは必ずしもそうではありませんでした。孔子が君子の亀鑑と見なした顔回は「一簞の食、一瓢の飲、陋巷に在り」という無一物の身分でしたし、官途にも就かなかった。だから「試いられず」です。でも、孔子のような「藝」はなかった。さて、多能は君子たるための条件なのか、どうなのでしょう?

この箇所を読んでいる時に、孔子の生い立ちについて書かれたある文章を思い出しました。白川静先生が『孔子伝』に記したものです。

「孔子の世系についての『史記』などにしるす物語は、すべて虚構である。孔子はおそらく、名もない巫女の子として、早く孤児となり、卑賤のうちに成長したのであろう。そしてそのことが、人間についてはじめて深い凝視を寄せたこの偉大な哲人を生み出したのであろう。思想は富貴の身分から生まれるものではない」。

孔子の生い立ちについて司馬遷が書いたことを「すべて虚構」と白川先生は退けます（すごいですね）。この断定には当然それなりの史料的裏付けがあるはずです。でも、「思想は富貴の身分から生まれるものではない」という断定には史料的根拠があるわけではありません。これは個人としての白川静がその実存をかけて書いた一文です。そのことは科学的真理ではない。それは白川静が個人としてその生涯をかけて証明してみせる。そういう覚悟の一文です。

僕は「賤しい生い立ちだからこそ『鄙事』に多能であり得た。多能であるということ、それは儒者にとっては絶対に必要な条件なのです」という安田さんの断定に白川先生の「思想は富貴の身分から生まれるものではない」に通じるものを感じました。典拠が足りないと知りつつ、断定する。その気合いに僕は胸を衝かれました。たしかに、本を書いている時には、史料的な裏付けがなくても、断定したくなることが僕にもあります。その断定の正否については、書いた僕自身が身体を張って「債務保証」するしかない。

安田さんご自身は自分のことを「多能の人」だとは思っていません（思っていたら、「君子とは多能の人である」なんて書きません。安田さんは謙遜や卑下とは無縁の人ですけれども、自慢や尊大とはさらに無縁の人です）。でも、「人が多能であるとはどういうことか」については非常に興味があった。そういうものなんです。そして、「多能は君子であるための条件だと孔子は思っていたのではないか」という仮説が脳裏に浮かんだ。でも、『論語』にはそういう文言はない。そこで、ご自身で身体を張って、この仮説を実証することにした。

いかにも安田さんらしい手順だと思います。そのことは安田さんのこれまでを見ているとわかります。さまざまな活動をされてきたわけですけれど、一つ一つのことへの踏み込み方が異常に深い。それはどれについても必ず自分の身体を使ってやってみるからです。本を読んで終わることというのは安田さんの場合にはありません。みごとに一つもない。アイディアを得たきっかけは書物からであっても、それを自分の身体を通じて検証する。漢詩も和歌も鑑賞するのでは済まない。自分で詠んでみないと気持ちが片づかない。『奥の細道』を読んだら、芭蕉と曾良の歩いたルートを自分でも歩いてみないと気が済まない。『夢十夜』を読んだら、それを朗読劇に仕上げ、シュメール語を勉強したら、シュメール語で演劇を上演せずんば止まず……。とりあえず、「これは」と思ったことは、自分の身体を使って検証する。その成否を自分の身体で確かめないと納得できない。

書いてあることでも、どこか納得できないところがあると、「ほんとうにそう書いてあるんだろうか？」と身体を使って読み直してしまう。本書で行われている『論語』の読み直しがどこから始まったかをご記憶だと思いますけれど、それは「不惑」の読み直しでした。安田さんはこう書いています。

「この文は『論語』全体の雰囲気に少しそぐわない。（……）『論語』の中で、『自分は四十歳になったときにはもう惑わなくなった』という孔子の言葉は変です。孔子はこんな自慢はしない。」（51～52頁）

この推論形式こそが安田さんの骨法です。「そぐわない」と思った。「変だ」と感じた。たしかにテクストにはある言葉が書いてある。意味もわかる。でも、腑に落ちない。そういう場合には因習的な解釈よりもおのれの「腑」の方を信じる。「孔子はこんな自慢はしない」という断定が導かれるのは、安田さんが『論語』をこれまでも身体的に読んできたからです。臓器や皮膚や骨格を総動員して読んできた。そして、書いてある言葉が「変だ」と思った場合はおのれの「身」の判断に与(くみ)する。「君子は多ならんや、多ならざるなり」について、安田さんは「この孔子の言葉は変です。孔子はこんな謙遜はしない」と思った（たぶん、ですよ。この辺は僕の想像です）。そのわが身の判断の方が『論語』に書いてある言葉の明示的な意味よりも確かなものに感じられた。でも、『論語』の中を探しても文献的根拠がない。じゃあ、自分の生涯をかけて、「多能であることは君子の条件である」という仮説を実証してみよう。たぶん安田さんはそう思ったのだと思います。ご自身が「多能」であるということはすでに現実としてあるわけですから、次の課題は「君子」となることです。「多能であること」と「君子であること」の間の論理的な不整合をご自身の実存をかけて架橋しなければならない。たいへんな課題です。でも、やるしかない。それが安田さんの「いつもの風儀」だからです。他の場合と同じように、この課題についても、安田さんは「う～ん、君子になるのか。なんか、大変そうだな。でも、『変だ』と身体感覚で感じちゃったから、しかたないなあ」というふうに機嫌よく取り組んでいるんじゃないかと僕は思っています。安田さん、がんばれ。

（平成三十年五月、思想家・武道家）

本書は、二〇〇九年十一月春秋社から単行本で刊行された『身体感覚で『論語』を読みなおす。』の文庫判（二〇一八年、新潮社）に加筆・修正のうえ改題をしたものです。

一〇〇字書評

切り取り線

購買動機（新聞、雑誌名を記入するか、あるいは○をつけてください）

□	（　　　　　　　　）の広告を見て		
□	（　　　　　　　　）の書評を見て		
□	知人のすすめで	□	タイトルに惹かれて
□	カバーがよかったから	□	内容が面白そうだから
□	好きな作家だから	□	好きな分野の本だから

●最近、最も感銘を受けた作品名をお書きください

●あなたのお好きな作家名をお書きください

●その他、ご要望がありましたらお書きください

住所	〒				
氏名		職業		年齢	
新刊情報等のパソコンメール配信を 希望する・しない	Eメール	※携帯には配信できません			

あなたにお願い

この本の感想を、編集部までお寄せいただけたらありがたく存じます。今後の企画の参考にさせていただきます。Eメールでも結構です。

いただいた「一〇〇字書評」は、新聞・雑誌等に紹介させていただくことがあります。その場合はお礼として特製図書カードを差し上げます。

前ページの原稿用紙に書評をお書きの上、切り取り、左記までお送り下さい。宛先の住所は不要です。

なお、ご記入いただいたお名前、ご住所等は、書評紹介の事前了解、謝礼のお届けのためだけに利用し、そのほかの目的のために利用することはありません。

〒一〇一-八七〇一
祥伝社黄金文庫編集長　栗原和子
☎〇三（三二六五）二〇八四
ohgon@shodensha.co.jp

祥伝社ホームページの「ブックレビュー」からも、書けるようになりました。

www.shodensha.co.jp

祥伝社黄金文庫

『論語』は不安の処方箋

令和6年2月20日　初版第1刷発行

著　者　安田　登

発行者　辻　浩明

発行所　祥伝社

〒101－8701
東京都千代田区神田神保町3－3
電話　03（3265）2084（編集部）
電話　03（3265）2081（販売部）
電話　03（3265）3622（業務部）
www.shodensha.co.jp

印刷所　錦明印刷

製本所　積信堂

　ISBN978-4-396-31844-4 C0195